色を効かせて、垢抜ける！

林由香里「洒落感」メイク

Prologue
プロローグ

小さい頃からお洒落が大好きで、
スタイルや流行に縛られず、いろいろなファッションを試して、
自分流にアレンジして楽しんできました。
今でも服が大好きだし、毎日、メイクとのバランスを考えてあれこれ試すのが日課です♪
今日は服が派手だからメイクはチークとリップだけにしようとか、
服の色が鮮やかだからアイカラーはブラウン系にしようとか。
だんだん抜くことも覚えたことで、昔よりも逆にメイクを楽しめるようになりました。
色を使うって少し勇気がいる感じがしますよね？
でも本当は色＝（イコール）派手ではなく、
色によってかわいくなったり、上品になったり、カッコよくなったり。
使い方によって全然違ってくるし、お洒落の幅がぐんと広がるんです。
もっと色を日常の生活に取り入れてもらいたい、色を身近に感じて欲しい、
と思ったのがこの本を作ることになったきっかけです。
赤も、選び方や塗り方によってピュアになったり、カジュアルになったりするし、
ピンク＝かわいいじゃなくて、大人っぽくもできるし、クールにもなる。
そしてちょっとひと手間加えるだけで、顔全体の印象がガラリと変わったりもします。
選ぶ色や質感、入れる場所などなど…。
その色をひとつ選ぶだけでお洒落になったり、
組み合わせによってまったく新しい表情を見せたりするのが面白い。
そんなヒントがいっぱい詰まっている本にできたかなと思っています。
これを読んだみなさんが、もっと自由に色にチャレンジして、
メイクが好きになってくれたらうれしいなと思います♡
林 由香里

Fashion

朝起きたらまず服を決めて、

それからメイクのイメージをふくらませる。

足し算したり、引き算したり…

Color

レイヤードするのが大好き。
色をまとえばキレイになれるだけでなく、
気分まで上げてくれる♪

Skin

ファンデーションは〝薄づき〟じゃなくて、〝薄ぴた〟。

何回も何回もたたき込んで、
その人がもともともっている透明感とか

立体感を残しながら自分の肌にしていく。
そういう肌作りをすると
どんなメイクも映えるんです。

Challenge

新しいことに挑戦するのは勇気がいるけれど、
やってみたら意外と簡単かもしれない。

表紙のメイク

大人っぽい"ピュアさ"が洒落感を生み出す

全体的なイメージはヘルシー＆カジュアルで、そこにピュアさをプラス。そうすることで絶妙な洒落感が生まれるし、品もあって、素敵だなって。ポイントは暖色系の色で柔らかく囲ったアイメイクと、透明感を演出してくれるローズパープルのチーク。メイク感はあるのに、上品で、ピュアで…最近そういうメイクがすごくかわいいなって思うんです。

Cover model Make-up

• CHEEK •
ピュアさを宿す絶妙カラー

片方がローズで、もう一方がツヤ感、透明感、ピュアさが出るパープル。この2色をレイヤードすれば、一気に洒落感がアップします。

カネボウインターナショナルDiv. KANEBO ムードブースティングブラッシュ 03 ¥5,830(セット価格)

• EYE •
暖色系で柔らかく囲って印象アップ

曖昧な暖色系の色で目を囲むことによって、強さはありながらも柔らかいイメージに。まぶた全体に濃淡の色をレイヤードさせて。

赤みすぎないブラウンやイエローやコーラルっぽい色がかわいい。アディクション ザ アイシャドウ パレット ＋ 010 ¥6,820

• NAIL •
手元にもやっぱり透明感を

カジュアルながらも上品な手元を演出してくれる偏光パール入りホワイト。トップコートですが、あえて単色塗りで抜け感をプラス。

ブルー×パープルピンクの偏光パール入りで、ニュアンスのある爪先に。コーセーコスメニエンス ネイルホリック 偏光 トップコート SP067 ¥440(編集部調べ)

• LIP •
どんな肌色にも似合うレッド

狙ったのは、濃すぎないけれどヌーディになりすぎない中間のところ。唇に溶け込むようになじみ、柔らかな血色感をプラスしてくれます。

やや黄み寄りで、発色のいいレッド。塗りやすく、保湿力大。コスメデコルテ ルージュ デコルテ 36 ¥3,850

CHAPTER 1 ── ブラウンメイク

柔らかさと大人っぽいピュアさにドキッ♡

042	PINK RULE 2 [Cheek]	青みピンクはまずチーク。ひとはけで肌に透明感
044	PINK RULE 3 [Lip]	厚膜のルージュでむっちり濃厚に唇を染める!
046	PINK RULE 4 [Eye]	まぶたのピンクはモーヴ系。甘すぎずもっと印象深く
048	PINK RULE 5 [Eye]	アイラインもマスカラもnot黒で柔らかく締めたい
050	PINK RULE 6 [Eye etc.]	ピンクの深みが増すレイヤードにトライして
052	由香里のお気に入りピンクコスメ!	

054　CHAPTER 3

レッド、ブルー、オレンジ、イエロー、グリーン
ポイントで魅せる色メイクに挑戦

056	由香里流! 洒落見えの厳選5色!	
058	RED [Lip&Eyeshadow]	シースルーマットに発色させて! ブライトレッドでピュア感を
060	BLUE [Mascara]	まつげに繊細なニュアンスを 清らかなブルーで透明感をアップ
062	ORANGE [Cheek&Lip]	ツヤ感と抜け感が洒落見えポイント ヘルシー美人なコーラルオレンジ
064	YELLOW [Lip&Eyeshadow]	いつものブラウンアイが新鮮に♪ 大胆イエローを2か所に使う
066	GREEN [Eyeline]	ペンシルだから効かせやすい かわいい目元はイエローグリーンが勝ち!
068	由香里のお気に入りカラーコスメ!	

Contents

002	プロローグ
008	表紙のメイク

014　CHAPTER 1
ベーシックでありながら実は究極の遊び色
王道ブラウンで洒落る！

016	由香里流！ 基本のブラウンメイク	
018	洒落ブラウンへと導く6つのルール！	
020	BROWN RULE 1 [Eye]	軽やかにまとまる！ 透けラメブラウンに注目
022	BROWN RULE 2 [Cheek]	血色ピンクを仕込めば頬にじゅわっと深み
024	BROWN RULE 3 [Eye]	たちまち女っぽさがにじむ赤みブラウンのマジック
026	BROWN RULE 4 [Eye]	黄みブラウンもお忘れなく！ なじみつつも個性を底上げ
028	BROWN RULE 5 [Eye]	下まぶたを強く印象的に アンバランスが新バランス
030	BROWN RULE 6 [Lip]	ブラウンリップは曖昧にラフ塗りでこなれ感
032	由香里のお気に入りブラウンコスメ！	

034　CHAPTER 2
さらに極めたいのは愛してやまないこのカラー
洒落ピンクへとアップデート

036	由香里流！ 基本のピンクメイク	
038	洒落ピンクへと導く6つのルール！	
040	PINK RULE 1 [Eye]	透けふわピンクで軽やかにニュアンスをまとう

116	洒落感メイクのヒミツがここにもみっちり！ ポーチの中身を2タイプ拝見
118	由香里さんのツヤ美肌を育む定番スキンケアを全紹介
120	由香里さんの肌がゆらいだときのお助けスキンケア

122　CHAPTER 7
本田翼、安達祐実、田中みな実、鳴海唯が語る
だから大好き♡ 由香里メイク

124	**安達祐実**
128	**田中みな実**
132	**鳴海唯**
136	**本田翼**

138	協力社リスト
142	あとがき

Contents

070 **CHAPTER 4**
もともともっている透明感と立体感を際立たせる
メイクが映えるベースメイクの極意

072 薄膜をレイヤードして4アイテムで色映え肌！
074 実践！ たたき込んで、重ねる！ 4アイテムで色映え肌作り
082 ＋1テクニックでお悩みを解決
084 まだまだあります！ 由香里の推しベースメイク17

088 **CHAPTER 5**
ふわっとなじませて洒落顔へと総仕上げ
ナチュふわ眉に今すぐなりたい！

090 ナチュふわ由香里眉、5つのメソッド
092 ナチュふわ眉が即描ける 由香里印の5点セット！
093 実践！ 存在感はあるけれど主張しないナチュふわ眉の作り方を完全公開！
100 まだまだあります！ 由香里の推し眉メイクアイテム16

104 **CHAPTER 6**
お洒落番長 由香里の
ファッション×ビューティ 1週間コーディネート

106 ファッションとメイクの関係性を解き明かす お洒落番長 由香里's 1週間コーデをパパラッチ
115 Column 1週間のメイク直しに毎日活躍！
「コンシーラーパレット」で肌が復活

Brown Make-up

Yukari's make-up

CHAPTER 1

ベーシックでありながら
実は究極の遊び色

王道ブラウンで洒落る！

ブラウンが王道といわれるのは、無難で使いやすいから？
私はブラウンに対してまったく違う考えをもっています。
基本になる色だけれど、だからこそどんな方向にもいける。
透けブラウン、ダークブラウン、グレーブラウン、
ベージュブラウン、ピンクブラウン、ナチュラルブラウン…
数え切れない程の種類があって、すべてイメージが違うし、
そこにほかの色を組み合わせることでまた無限に広がっていく。
まるでカメレオンのような色だと思うんです。
実はいちばん遊べる色だし、お洒落にもなる色。
そんなブラウンの奥深さと広さをぜひ体験してもらいたいです！

> 由香里流！

基本のブラウンメイク

ワントーンにするだけで、たちまち垢抜け

この基本では、〝無難〟と評されがちなブラウンの魅力を知ってほしくて、潔いワントーンで仕上げてみました。前述したとおり、ブラウンの良さは王道にして万能な点にあり。こんな風に血色ニュアンスを重ねた色味でアイシャドウ、チーク、リップを仕上げれば、それだけで表情が締まる上にぐんと垢抜ける！ やっぱりブラウンって洒落色です。

Brown Make-up

• EYE •

シームレスグラデで柔らかな目力を表現

単色で立体感とニュアンスが出せるアイシャドウを使用。ブラシでアイホール→二重幅に重ねてグラデ状に。下まぶた全体にもオン。

クレ・ド・ポー ボーテ オンブルクルールソロ 104 ¥5,500（セット価格）

• CHEEK •

シアーなチークは重ね塗りで立体感

鼻筋付近から頬骨まで、ブラシで横長に何度か重ねて。くすまず、最初からぼかしたように発色するこのチーク、優秀です！

ジルスチュアート パステルペタル ブラッシュ 06 ¥4,620

• LIP •

じか塗りでぽってり女っぽリップに

威圧感なくヘルシー見えするブラウンは1本もっておくと万能！ リップのツヤ感を生かすべく、じか塗りでワンストロークして。

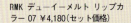

RMK デューイーメルト リップカラー 07 ¥4,180（セット価格）

CHAPTER 1 ── ブラウンメイク

脱力感のあるブラウンメイクが女っぽい

洒落ブラウンへと導く6つのルール！

慣れ親しんだ安心感を味方に、無限に遊べる。これこそブラウンの新骨頂！
もう無個性とは言わせない、洒落見えアレンジ6パターンをご紹介します。

3 Eye
たちまち女っぽさがにじむ
赤みブラウンのマジック

インパクトのある赤を、ブラウンのフィルターでマイルドにぼかす。温かみや色気がじわ〜と沸き立つ奥深い眼差しは、この組み合わせでしか出せません。

2 Cheek
血色ピンクを
仕込めば
頬にじゅわっと深み

ややとっつきにくいブラウンチークは、ピンクの力を借りて柔らかく、カジュアルに。今っぽい"マイルドな陰影感"までかないます。

1 Eye
軽やかにまとまる！
透けラメブラウンに注目

うっすら塗るだけで陰影感がアップする。そんなブラウンの優等生ぶりに甘んじて、きらめく質感でとことん遊ぶ。そうするだけで、普通以上のお洒落感！

CHAPTER 1 ── ブラウンメイク　18

6 Lip
ブラウンリップは曖昧に
ラフ塗りでこなれ感

うっかり輪郭からオーバーしてもOK。今どきブラウンリップはそのくらいの心意気で塗る方が、センスの良い顔に仕上がるんです。

5 Eye
下まぶたを強く印象的に
アンバランスが
新バランス

アイシャドウとアイライナーを駆使して深みを出す。いつも上まぶたでしていることを、下まぶたでやってみると、ブラウンの新しい表情が見えてくる…!

4 Eye
黄みブラウンも
お忘れなく!
なじみつつも
個性を底上げ

カジュアルに洒落たいとき＝黄みブラウンと覚えておいて。シンプルだけれど〝何だか素敵〟とさりげなく目を惹く顔が作れます。

BROWN RULE 1

軽やかにまとまる！
透けラメブラウンに注目

ブラウンは無難なようで、ベタっと塗ると重たくなったり、マットだと途端に老けこんでしまう色味があったり…実は慎重に扱いたい側面も。そこで、失敗なく洒落感を引き出せる鉄板テクとして覚えていただきたいのが"質感を軽やか"にすること。ブラウンは透けさせるとぐっとカジュアルになり、ラメ感が加わることでその特性がさらに伸びます。

1
透けキラ色も、レイヤードすれば深みがアップ

まろやかなブラウンを配したCを使用。1をアイホールに。2+3を目の際に重ねてグラデーションにしたら、まぶた全体に4+5の輝きヴェールをオン。

2
下まぶたにもキラキラをリンクしてまとまり良く

上まぶたに最後に重ねた4+5を、下まぶた全体にものせて。目元がぱぁっとライトアップされて、抜け感、透明感、潤み感がまるごと底上げされます。

3
目尻側のシャドウ×ハイライトをクロスオーバー

目元のクリアな世界観を生かすべく、チークの代わりにハイライトBを使用。黒目下を起点に放射線状に塗り広げて目尻に被せると一体感がアップします。

(その他のHOW TO MAKE-UP)

LIP ちゅるんと艶やかなAのブラウングロスをじか塗り。全パーツが透けていてもぼんやりしないのは、ブラウンメイクならでは。

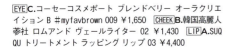

EYE C.コーセーコスメポート ブレンドベリー オーラクリエイション B #myfavbrown 009 ¥1,650 **CHEEK** B.韓国高麗人蔘社 ロムアンド ヴェールライター 02 ¥1,430 **LIP** A.SUQQU トリートメント ラッピング リップ 03 ¥4,400

〝透けさせる〟とブラウンがカジュアル化

Cheek

BROWN RULE 2

血色ピンクを仕込めば頬にじゅわっと深み

モードな表情を作り出すブラウンチークは、ほかのメイクを邪魔せず洒落感を盛りたいときの調整役に打ってつけ。けれど、"肌がくすんで見える"という懸念からトライできずにいる方も多いのでは？ その解消法はいたって簡単で、お手もちの血色チークを下地に仕込むこと。これだけで明るさがプラスされ、ピュアさを秘めたかっこよさが生まれます。

1 血色チークをコントロールカラーのように

透明感のあるピンクチーク**D**を指にとり、頬全体に薄く広く伸ばす。チークと言うよりも、肌の血色感を高める役どころとしてベースに仕込むイメージで。

2 ブラウンはピンクよりも小さな範囲に

赤みを忍ばせた洗練ブラウンチーク**B**を使用。小鼻横から小さく放射線状に塗ることで、下に仕込んだピンクとグラデーション状になり柔らかな印象に。

その他のHOW TO MAKE-UP

[EYE] 単色で立体まぶたを作る名手**C**のアイシャドウを使用。指にとり、アイホールと下まぶた全体にさらっとのせる。

[LIP] 頬にリンクしたウォーミーなブラウンリップ**A**を唇全体に。あえてわかりやすい血色カラーにしないのも洒落見えポイントです。

[EYE] **C.** コスメデコルテ アイグロウジェム スキンシャドウ 12G ¥2,970 [CHEEK] **D.** THREE グラムトーンカラーカスタード 01 ¥3,300 **B.** セザンヌ チークブラッシュ 02 ¥550 [LIP] **A.** ローラ メルシエ ペタルソフト リップスティック クレヨン 300 ¥4,180

CHAPTER 1 —— ブラウンメイク

影と血色が入り混じった曖昧チークが静かに目を惹く

たちまち女っぽさがにじむ
赤みブラウンのマジック

BROWN RULE 3

どんな色とも調和し落ち着きをもたらすブラウンは、カラーメイクにおいてもオールラウンダー。攻めた印象の「赤シャドウ」だって、「赤みブラウンシャドウ」なら、こんなにマイルドに女っぽい。特に目元は少し赤みを入れるだけでムードが変わるので、部分使いから始めてみるのがおすすめ。チーク、リップもリンクさせると、印象がまとまります。

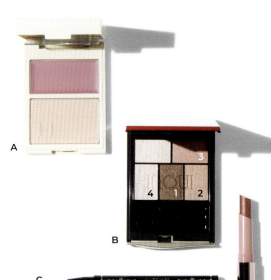

下まぶたなら、腫れぼったくなる心配もご無用

[EYE] 骨格美を引き出すBは、赤みブラウンに不慣れな方にこそ◎。1＋2をアイホールにのばして陰影を深めたら、3＋4を下まぶたの目頭側から黒目下までオン。下まぶたに色を与えると、たとえ小面積でも印象的に効かせることができるんです。さらに、Cで目尻に向かって太くなるよう平行にアイラインを引き、レディ感を盛り上げて。

― その他のHOW TO MAKE-UP ―

[CHEEK] クリームとパウダーの2in1。今回はAの上段（クリームタイプのモーヴ）を使用。頬の内側・高めの位置に指でなじませて。

[LIP] Dを大胆にストロークし、しっかりと発色させて。ちなみに、全パーツの赤みを主張し過ぎると印象が強くなるので、2/3パーツはシアーに仕上げると失敗がありません。

[EYE] B.資生堂 インウイ アイズ 04 ¥6,600 C.ジルスチュアート ニュアンスルック リキッドアイライナー 02 ¥2,420 [CHEEK] A.hince トゥルーディメンションレイヤリングチーク L004 ¥3,410 [LIP] D.ローラ メルシエ ハイバイブ リップカラー 102 ¥4,950

下まぶたに"ちょこっと赤み"でムーディな眼差し

Eye

BROWN RULE 4

黄みブラウンもお忘れなく！
なじみつつも個性を底上げ

一見オーソドックスな黄みブラウンシャドウは、塗ってみると意外な程、洒落見えするダークホース！ ブラウンともゴールドとも言い難い絶妙な発色が、〝浮かない存在感〟へと繋がります。もちろん組み合わせる色も問いませんが、あえて上半顔を同系色にまとめると、こなれ感のある表情に。その分リップで遊ぶのもおすすめです。

目頭に隙を残し、あとは大胆に

EYE 色浮きせず、肌もくすみにくいBの黄みブラウンパレットを使用。1+2の黄みブラウンを大胆に眉下まで広げ、際に3を重ねて締めたら、4のラメをまぶた全体に重ねて一体感を出します。下まぶたは、黒目より幅広に2+3を引き、4のラメを目頭側にくの字にのせて完成。

その他のHOW TO MAKE-UP

CHEEK フレッシュなツヤ感のベージュチークAを、頰骨より下の位置にオン。うぶ見えする低めのチークで、程よくかわいさをプラス。

LIP 上半顔の色味にまとまりがある分、リップはやや冒険して青みピンクCをセレクト。オーバー気味にじか塗りしてボリューミーに。

EYE B.SUQQU シグニチャー カラー アイズ 03 ¥7,700 CHEEK A.アディクション ザ ブラッシュ パール 011P ¥3,300 LIP C.資生堂 インウイ リップ 01 ¥4,620

CHAPTER 1 ── ブラウンメイク

明るい陰影ブラウンで垢抜ける

Eye

BROWN RULE 5

下まぶたを強く印象的に
アンバランスが新バランス

ブラウンアイメイクが王道に見えるか、洒落て見えるか。その印象を握るのは〝下まぶた〟だったりもします。上まぶたを薄く、下まぶたを重たく仕上げて、いつものバランスをくずしてみる。すると、使い慣れたブラウンだって見え方が変わるはず。重心が下がることで中顔面がキュッとタイトになるので、かわいらしい顔だちにもなりますよ。

1
アイホールはあっさりと。
主役は下まぶた

ニュアンス違いのブラウンが集合したパレットBを使用。1をアイホール、2をそれよりも狭めに重ねてシンプルに。3のディープブラウンを細いチップにとり、黒目下にオン。

2
黒目下から両サイドへ
グラデーションに

Bの4+5のきらめきを下まぶた全体に重ねてじんわり儚げに。さらにCのラインを目頭&目尻を除いた際に塗り、深みを強調します。マスカラEは上下まつげに軽く一度塗り。

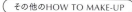

【その他のHOW TO MAKE-UP】

CHEEK 下まぶたに重みがある分、甘く透け感のあるDのチークでバランスを調整。頬の内側・高めの位置にふわっと入れて軽やかに。
LIP メイクに迫力が出すぎないよう、リップはシアーな血色感を足す程度に留めておいて。Aを唇全体に一度塗り。

EYE **B.**hince オールラウンドアイパレット 02 ¥2,750　**C.**アディクション ザ ジェルアイライナー 010 ¥3,300　**E.**カネボウ化粧品 ケイト カールアウェイキングマスカラ BK-1 ¥1,540（編集部調べ）　**CHEEK** **D.**井田ラボラトリーズ キャンメイク パウダーチークス P02 ¥660　**LIP** **A.**シュウ ウエムラ キヌケアグローアップ BG 936 ¥4,840

CHAPTER 1 ── ブラウンメイク

下重心にするだけで、キレイめキャラが一転

Lip

BROWN RULE 6

ブラウンリップは曖昧にラフ塗りでこなれ感

モードで日常使いが難しいと言われることも多かったブラウンリップが、近頃はツヤと透け感を味方につけてぐっとリアルな存在に。だからこそ、つけこなし方ももっとラフでいい！ と私は思います。中央にぱぱっと塗って、〝んまんま〟しながらなじませる。ほかのパーツはくすみピンクやローズカラーを合わせて甘さをちょい足しするのがおすすめです。

ミラーレスで塗るくらいの気負わなさが正解

唇の赤みも生きる透けブラウンリップ**B**。唇全体にぐりぐりとじか塗りしたら、唇を合わせてなじませます。輪郭をキレイに取ろうとしなくても大丈夫。

その他のHOW TO MAKE-UP

EYE **C**のローズブラウンシャドウをアイホールに広げて柔らかな陰影をつける。下まぶたは目頭側から黒目下辺りまで入れて。
CHEEK **A**のくすみプラムチークを使用。ちょっと違和感を感じさせる低い位置に入れてバランスをくずすと、より洒落ます！

EYE **C.**ディオールショウ モノ クルール 763 ¥5,060 CHEEK **A.**NARS ブラッシュ N 902 ¥5,060 LIP **B.**アディクション ザ リップバーム グロウティント 006 ¥4,070

モードなリップこそ、キレイな塗り方に囚われないで

由香里のお気に入りブラウンコスメ！

柔らかなのにインパクトも！

絶妙すぎるブラウンのニュアンス

ブラウン初心者におすすめ！

> 66
> **⑤**
> 柔らかく引き締め、
> 抜け感も演出
> 99

引き締めてくれながら、柔らかな目元に見せるオレンジニュアンスのブラウン。際だけ埋めるのにちょうどいい細さ。スッと描けるところもお気に入り。

カネボウ化粧品 ケイト スーパーシャープライナー EX4.0 BR-4 ¥1,430（編集部調べ、My Kao Mall限定色）

> 66
> **④**
> しっかりと黄みのある配色が珍しい
> 99

イエローブラウン（右下）など4色がセットされた、王道ブラウンとはちょっと違うアンニュイ感が素敵。ニュアンスのあるブラウンが楽しめるパレットです。

アディクション ザ アイシャドウ パレット + 011 ¥6,820

> 66
> **③**
> ブラウンをラフにまとうならコレ！
> 99

薄膜つるん！というフレッシュな感じに仕上がり、ミラーレスで塗ると軽やかなお洒落を楽しめます。自然な血色感を保ってくれて、気軽に使いやすい。

カネボウ化粧品 ケイト リップモンスター 16 ¥1,540（編集部調べ）

> 66
> **②**
> くすみ感が絶妙なブラウンリップ
> 99

つけるだけでブラウンの大人っぽさが一気に出るから大好き♡ サッと塗ると軽やか、しっかり塗るとブラウンの深みが出て、塗り方でイメージが変わります。

SUQQU モイスチャー グレイズ リップスティック 09 ¥5,830（セット価格）

> 66
> **①**
> 肌も柔らかく見えるふんわり感が◎
> 99

肌なじみの良いヌーディカラーの4色セット。上品な発色なのに、インパクト大。鮮やかに発色するので、単色や2色使いでも存在感のある目元になれます。

トム フォード ビューティ アイ カラー クォード 31 ¥12,980

CHAPTER 1 —— ブラウンメイク   32

Brown

とにかく何回も
リピート中♪

目元に
抜け感をプラス

トライしやすい
透けブラウンリップ

⑩ モーヴがかった暖色系ブラウン

ブラウン系のアイシャドウに合わせると軽やかに締めてくれるし、カラフルなアイシャドウに合わせるとラインが引き立ちます。なめらかな描き心地も◎。

アディクション ザ ジェル アイライナー 010 ¥3,300

⑨ 光に当たったときの立体感がキレイ！

しっかりとブラウンみはあるけれど、透け感があるのでカジュアルに使いやすい。ピンクやオレンジのリップの上に重ねても、ブラウンの存在感を残してくれます。

セルヴォーク モイステン リップドロップ 01 ¥3,300

⑧ パールの効果で立体感がアップ

大人っぽさとヘルシーなカジュアルさ、どちらもかなえてくれるテラコッタとブラウンの絶妙な中間色。上品なツヤなので、ハイライトに使うのもおすすめ。

コージー本舗 リリミュウ ヴェールグロウチーク 05 ¥1,980

⑦ 組み合わせ次第で新しい自分を発見

3色のレイヤードの仕方によって異なる仕上がりが楽しめます。ブラウンを仕込んでからコーラルを重ねて、最後にベージュでふわっとぼかすと一気にお洒落。

シャネル レ ベージュ ヘルシー グロウ サンキスト パウダー ライト コーラル（本人私物）

⑥ 私の中で大定番のブラウンアイパレ

温かみのあるブラウン、肌を明るく見せるベージュ、存在感抜群のゴールド＆シルバーホワイトのラメの配色が完璧。大人でも使えるきらめきアイパレの代表。

カネボウ化粧品 ルナソル アイカラーレーション 15 ¥6,820

Pink Make-up

Yukari's make-up

CHAPTER 2

さらに極めたいのは
愛してやまないこのカラー

洒落ピンクへと
アップデート

ピンクって気になるし、使いたい色だけれど、ちょっと難しい。
腫れぼったくなりそう。子供っぽくなる？似合わないかも…
実際、ピンクってアイテム選びが大事なんだけど、
今はテクニックいらずでいい感じになるものが増えています。
大切なのは使い方と、入れる位置、そしてちょっとしたひと手間。
厚膜でぷるんとしたピンクリップを使ったら
ふっくらパンッとしてすごくフレッシュだし、
モーヴ系のピンクシャドウは誰が使っても洒落る！
ピュアさ、かわいさ、レディな感じ…
ピンクを使いこなせたら最強です♪

> 由香里流!

基本のピンクメイク

カジュアルさも奥行きもかなう。それが〝今〟のピンク

〝かわいい色〟というパブリックイメージから、年々距離を置きがちなピンク。けれど今、コスメ業界におけるピンクの進化ってすごいんです！ どの年代にもハマる発色や質感が価格帯問わず手に入り、重ねてみるとピンクのワントーンでもここまで深い顔になれる。甘くてコンサバな領域を超えた、カジュアルなピンクの世界にぜひ飛び込んでみて。

Pink Make-up

• EYE •
多彩なピンクでじゅわっと目力

1を眉下まで広げ、2を際から細い方のチップ幅で引く。3を上まぶた全体にふわりとオン。4を下まぶたの目頭側1/3に。仕上げは黒目上から目尻へ温かみのある暖色ラインを引いて優しく締めて。

井田ラボラトリーズ キャンメイク プティパレットアイズ 03 ¥1,078、コーセーコスメポート ブレンドベリー プレイフル リキッドアイライナー 002 ¥1,430

• CHEEK •
目と唇の繋ぎとしてうっすらと入れる

繊細パールが艶めき、シームレスに広がるピンクチーク。頬の高い位置にふんわり広く入れることで、幸福感がにじむ仕上がりに。

JT Laka ラブシルクブラッシュ 707 ¥1,980

• LIP •
山をふっくらさせてレディ感アップ

くすみや縦ジワなどを包み込むちゅるんとピンクは、むしろ大人にぴったり！ 輪郭から少しオーバーさせるように全体にたっぷりと。

THREE ディヴァインリップジェム 03 ¥3,850

CHAPTER 2 — ピンクメイク

第一印象が甘くない、メリハリNEOピンク

洒落ピンクへと導く6つのルール！

コスメがどんどん優秀になっていることで、ピンクと大人っぽさをマッチングさせる方法も広がっています。できそうなものから徐々に始めて、攻略を楽しんで。

3 Lip
厚膜のルージュでむっちり濃厚に唇を染める！

ピンクリップのイメージを変えるなら、質感を変えるのもひとつの手。例えばカジュアルにつけこなしたいとき、私なら唇に〝厚膜感〟を出すルージュ一択！

2 Cheek
青みピンクはまずチーク。ひとはけで肌に透明感

唯一無二の魅力を放つ青みピンク。難しいイメージがあるけれど、〝ハイライトチーク〟という選択で、誰でも気軽に、特別な透明感！

1 Eye
透けふわピンクで軽やかにニュアンスをまとう

入門編は、透明感たっぷりのピンクで〝ニュアンス〟を楽しむアイメイク。そもそもピンクって、透けてる方が色の良さが引き出せるうえに、断然かわいい！

CHAPTER 2 —— ピンクメイク

6 Eye etc.
ピンクの深みが増す
レイヤードに
トライして

仕込む色をひと工夫。それだけで、ピンクの見え方が一段と新鮮なものに。1色では出せない複雑なニュアンスを楽しんで。

5 Eye
アイラインもマスカラも
not黒で
柔らかく締めたい

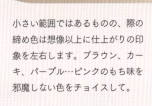

小さい範囲ではあるものの、際の締め色は想像以上に仕上がりの印象を左右します。ブラウン、カーキ、パープル…ピンクのもち味を邪魔しない色をチョイスして。

4 Eye
まぶたのピンクは
モーヴ系。
甘すぎずもっと印象深く

ピンクは好き。でもかわいすぎるのはちょっと…そんなどっちつかずな思いに寄り添うのが、パープルとのハイブリッドカラーなんです。

PINK RULE 1

透けふわピンクで
軽やかにニュアンスをまとう

まずは手始めに〝透けふわピンク〟から始めてみるのはどうでしょう？ 大胆に発色しないからトライしやすいのはもちろん、かわいさや、うるっとしたトキメキ…ピンクがもつ良さを効果的に引き出す要素が〝透け感〟だと思うんです。素肌感を残すことで、ピンクをヘルシーに昇華できるのもいいところ。

1
**ベージュの延長みたいな
ピンクで彫りを深める**

洗練されたヌーディピンクパレット**B**を使用。**1**をアイホールよりやや狭めに左右に広げて軽く陰影をつけたら、**2**をまぶた全体に重ね、ピンクの輝きをオーラのようにまとって。

2
**下まぶたにも
ピンクの透け影を**

1+**2**を下まぶたの目尻側2/3に入れてニュアンシーな目元に。目頭側は空けておくことで抜け感が生まれ、より軽やかな印象に。

(その他のHOW TO MAKE-UP)

CHEEK チークも透け感とツヤ感を大切に。**C**をブラシに取り、小鼻の上辺りを起点に放射線状に広げてフレッシュ肌に仕上げます。
LIP 透けふわピンクメイクの引き締め役は、マットな青みピンクリップ**A**。指にとり、唇をポンポンとタップしながらなじませます。

EYE **B**.スナイデル ビューティ フェイス スタイリスト 04 ¥6,380 **CHEEK** **C**.ベアミネラル ジェン ヌード ハイライター ピンク グロー ¥3,960 **LIP** **A**.クレ・ド・ポー ボーテ ルージュアレーブル マット 115 ¥6,600

ピンク？ ベージュ？ 曖昧なニュアンスで甘さをひとさじ

戦略的な横長チークで180度透明感♡

PINK RULE 2

青みピンクはまずチーク。
ひとはけで肌に透明感

青みピンク=似合う人が限られる…そんなムードがあるけれど、チークだったら誰にでもハマりやすい！ ハイライトチークならばなおさら、さりげなくまとめて透明感も増し増しに。全パーツをピュアピンクにそろえる必要はなくて、キレイめブラウンメイクに合わせたっていい。その柔軟さもまた、チークで取り入れる良さなんです。

1

1度にのばさず
2工程かけて
横長チークに

前からも横からも立体感のある仕上がりを目指すべく、チークBを2段階に分けて横長に入れます。まずは1+2を小鼻の横から放射線状に小さく広げて。

2

サイドに行く程
シアーになって
いくように

次に、1を頬中央からこめかみに向かって引き上げながら自然にフェードアウトさせて。これで横から見たときの立体感＆透明感も抜かりなく再現できます。

3

ハイライトで
ピュアな魅力が
あふれ出す！

次に2のハイライトを、チーク全体に重ねて。最後に頬の中央にもう一度2でツヤ玉をプラスすると、立体感、透明感、多幸感が底上げされます。

その他のHOW TO MAKE-UP

EYE 青みピンクの"光"で神秘的な眼差しに。Dをアイホールと下まぶた全体にのばし、Cで黒目上から目尻に向けて際を締める。

LIP 唇はマットな質感で控えめに。柔らかく引き締まるAの青みピンクリップを指にとり、唇全体をタップしながらなじませて。

EYE D.JT Laka モノアイシャドウ 923 ¥1,045　**C.**アディクション ザ ジェル アイライナー 003 ¥3,300　**CHEEK** B.SUQQU ブラーリング カラー ブラッシュ 06 ¥6,600　**LIP** A.hince ムードインハンサーマット M017 プラシド ¥2,420

Lip

PINK RULE 3

厚膜のルージュで むっちり濃厚に唇を染める!

ちょっと感覚的な表現になってしまいますが、大人の唇には「うるん」ではなく「ぽてっ」としたピンクリップがハマるんです。つまり、みずみずしいグロスよりも、厚膜感のあるツヤリップ。後者の方がカジュアル路線で使えて、子供っぽい甘さが遠のきます。「ぽてっ」と感をより強調するなら、こんな風にまろやかなベージュみピンクが最強。

納得いくまでたっぷり 塗って、ぽてっと肉厚に

とろける質感のCは、リップバーム感覚でラフに塗れるのがいい。唇全体にたっぷりじか塗りしたら、唇を合わせてなじませます。

〔その他のHOW TO MAKE-UP〕

[EYE] ミルキーなピンクリップと相性抜群の明るいブラウンパレットAをセレクト。1をアイホールに。1+2を下まぶたの目尻側2/3に。

[CHEEK] チークはリップと同じ系統にそろえて一体感を出しました。Bをブラシにとって、頬中央にふんわりまぁるく入れて。

B

C

[EYE] **A.** セザンヌ ビタートーンアイシャドウ 03 ¥748　[CHEEK] **B.** コスメデコルテ パウダー ブラッシュ RD400 ¥5,500　[LIP] **C.** ジルスチュアート リップブロッサム グロウ 05 ¥3,520

まぶたのピンクは**モーヴ**系。
甘すぎずもっと印象深く

PINK RULE 4

私がよく手にするのがモーヴシャドウ。それも、「紫くピンク」の色味が大好物なんです。というのも、落ちついたイメージのある紫を、ピンクがフレッシュに導いてくれるから。洒落感も抜群なので、ぜひアイホールに大胆に入れてみて。下まぶたをベージュで落ち着かせるとバランスが整います。

A

B

C

モーヴ×影色のツートーン仕上げに

Bの1を上まぶた全体に、2を際に引いてグラデーションにしたら、3を全体に重ねてキラっとさせて。上まぶたが華やかな分、下まぶたはヌーディに。3+4を目尻側2/3に引いてまろやかに引き締めます。

その他のHOW TO MAKE-UP

CHEEK 色と色がぶつからないよう、チークはリアルな血色を目指してシアーに仕上げましょう。Aのコーラルを頬に横長にオン。

LIP 唇も色の主張は抑えめに。Cのスモーキーなベージュリップを、唇の血色が透けるくらい軽ーく塗って。

EYE B.カネボウ化粧品 ルナソル アイカラーレーション N 02 ¥7,700　CHEEK A.NARS ブラッシュ N 921 ¥5,060　LIP C.韓国高麗人蔘社 ロムアンド ゼロマットリップスティック 21 ¥1,320

色気もラフ感も手に入れた、究極の大人ピンク

PINK RULE 5

アイラインもマスカラもnot黒で柔らかく締めたい

ピンクアイシャドウを素敵に見せるには、脇を固めるマスカラやアイライナーの色味にも注意が必要。中でもピンクとは交わりずらい世界観の黒。コントラストが強すぎて途端に古い印象になってしまうばかりか、儚げなムードも生かし切れずにとにかくもったいない。ブラウンやカーキなど、ピンクに寄り沿う締め色が、垢抜けへの第一歩。

ピンクと好相性なカーキでソフトに目力アップ

締め色はカーキ系に統一。Cのアイライナーを上まぶたの目頭から目尻にかけて徐々に太くなるよう引き、5mmオーバーさせる。Bのマスカラは上にたっぷり、下にさらっと塗って。

その他のHOW TO MAKE-UP

EYE Aの1+2を際全体に太く入れ、3をアイホールに重ねる。下まぶたは2+3を黒目幅よりも広めに引いて目の縦幅を拡張。

CHEEK 目元の透明感を妨げないよう、Eのハイライトをチーク代わりに。ヌーディなツヤ感を頬骨に沿って薄く入れてメリハリアップ。

LIP ほぼ無色透明、ツヤオンリーな唇も、ピンクアイメイクのイノセントなムードと相性良し。Dのグロスを唇全体にじか塗りして。

EYE A.イヴ・サンローラン クチュール ミニ クラッチ #500 ¥10,890 C.コーセーコスメポート ブレンドベリー プレイフル リキッドアイライナー M 055 ¥1,430 B.アディクション ザ マスカラ カラーニュアンス WP 016S ¥4,180 CHEEK E.SHISEIDO オーラデュウ プリズム イルミネーター 02 ¥4,400 LIP D.コスメデコルテ プランピング リップセラム 02 ¥4,620

ピンクに合わせたい締め色はこちら！

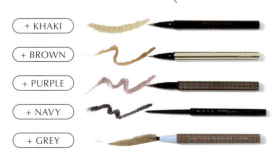

+ KHAKI
+ BROWN
+ PURPLE
+ NAVY
+ GREY

KHAKI：色×色なのに喧嘩しない。むしろピンクが柔らかくなるのがカーキマジック！ アディクション ザ リキッドアイライナー パール 002P ¥3,300 **BROWN**：説明不要でマッチするブラウンは、透けているとなお今っぽい。スナイデル ビューティ シームレス リキッド アイライナー 02 ¥2,750 **PURPLE**：ピンクとは同系色ゆえに、グラデーションのような奥行きを演出できます。THREE ファントゥファンキーリキッドアイライナー 02 ¥3,300 **NAVY**：ブラウン以上、黒未満の締め色。白目がクリアに見えるメリットもあり、品よく仕上がります。 カネボウ化粧品 ケイト レアフィットジェルペンシルN BU-2 ¥1,210（編集部調べ） **GREY**：グレイッシュな締め色は洒落感抜群。ピンクがスタイリッシュに様変わりします。UZU アイオープニングライナー グレー ¥1,694

ピンクに洗練を宿すのは、細部の締め色

表情に動きをもたらす、ブラウンとピンクの二重奏

Eye etc.

PINK RULE 6

ピンクの深みが増す レイヤードにトライして

ここまで順調にピンクメイクの階段を上れたら、最後は色の垣根を越えたレイヤードにも挑戦してみませんか？ おすすめは、身近なブラウンやオレンジ。これらをベースにピンクを重ねるだけで、ニュアンスや立体感がちょっぴり複雑なものになって上級者見え。チークやリップでも成り立つテクだから、マンネリ気味なコスメで試してみるのもいいかも。

ピンクが中央から じゅわっとにじむ微糖Eye

Eのブラウンシャドウをアイホールに広くのばしたら、Fのピンクシャドウを黒目上を起点に左右にぼかす。ブラウンよりも狭い範囲にのせ、グラデーションになるよう調整して。

その他のHOW TO MAKE-UP

CHEEK オレンジDを黒目下辺りにまぁるく入れ、頬骨辺りからピンクBを横に広げる。少し色を被せることでグラデ状に。

LIP オレンジブラウンCを唇の輪郭よりオーバーめに塗り、ピンクAを同じ範囲に重ねる。色も質感も変えるとまた新鮮な仕上がり！

EYE E.カネボウ化粧品 ルナソル モノアイカラーレーション 06 ¥3,520 F.THREE グラムトーンカラーカスタード 02 ¥3,300 CHEEK D.アディクション ザ ブラッシュ マット 002M ¥3,300 B.資生堂 インウイ チーク 01 ¥6,050 LIP C.カネボウインターナショナルDiv. KANEBO ルージュスター ヴァイブラント V10 ¥4,620 A.SUQQU トリートメント ラッピング リップ 01 ¥4,400

\ 由香里のお気に入りピンクコスメ！ /

スパイスの効いたピンクパレット

ふわっとのせれば肌がぱっと明るく

どんなメイクにも合わせやすい

⑤
ぷっくりとした元気な唇になれる
白みがミックスされているピンク。立体感が出るツヤなのに、変にピカピカと光らなくて、程よく色づきます。ツヤ感とむっちり感とカラーのバランスが絶妙。
パルファム ジバンシイ ローズ・パーフェクト・リキッド No.001 ¥4,620

④
チークの存在感を出したいときに
ふわっと肌にのせても、一気にツヤ感が出る程のパール感。ハイライト兼で、コレひとつでOKなくらい。しっかり発色するので、手になじませてから使って。
資生堂 インウイ チーク 01 ¥6,050

③
メタリックの質感が唯一無二！
中央のベージュピンクがあることで、グリーンなどほかの色が生かされるんです。マットだと目が重たく見えるけど、光沢感があるのでメリハリの効いた目元に。
プラダ ビューティ ダイメンションズ マルチエフェクト アイシャドウ 04 ¥12,650

②
唇がプクプクしてかわいく見える♡
すごく色がつくというより、抜け感を作るクリアなピンク。1本でナチュラルに見せるのもいいし、唇のくすみをとばしてくれる下地としてなどマルチに使えます。
イヴ・サンローラン YSL ラブシャイン キャンディ グロウ バーム No.1B ¥4,950

①
フェースパウダーとして使うのも◎
イチゴミルクのようなピンクで、肌がほわんと明るくなってバブみが出ます。ダークめなリップと合わせると、ガラッとイメージチェンジできるのでおすすめ。
ディオール ロージー グロウ 001 ¥6,380

Pink

広く薄く塗るのが
おすすめ！

コレを
塗るだけで
盛れる！

ピンクを感じたい
ときに大活躍！

**ありそうでなかった
2色の組み合わせ**
青み系のピンクは柔らかさのあるパウダーで、ラベンダーは透明感を底上げしてくれるクリーム。薄めに発色するので何度か丁寧にレイヤードし、調節して。
hince トゥルーディメンションレイヤリングチークL003 ¥3,410

**混ぜ方次第で
アレンジ自由自在**
絶妙なモーヴ感とキラキラ感のバランスが良くて、大人っぽく使えるピンク。目元の立体感をキレイに演出してくれます。目元が腫れぼったく見える心配なし。
エトヴォス ミネラルクラッシィシャドー フレンチフィグ ¥4,620

**ピンクの中でも
深みのあるピンク**
ちょっぴりベリー系の赤みピンク。ぱぱっと塗るだけで唇の存在感を強調してくれます。グロスのうるうる感とは違うツヤで、むっちりとした厚みのある唇に♡
韓国高麗人蔘社 ロムアンド グラスティングメルティングバーム #07 ¥1,320

**撮影で誰に使っても
似合う絶妙カラー**
マットっぽくないちゅるんとした質感が大好き。ベージュみもあるピンクなので上品な表情になれます。肌から浮かず、ピンクが苦手な人もトライしやすい1本。
井田ラボラトリーズ キャンメイク むちぷるティント 02 ¥770

**ピンクの色幅が広い
優秀アイパレ**
発色が良いのに肌にスッとなじむので、色を楽しみたい人におすすめ。ラメも繊細だし、全体的にお洒落なカラー。気分によって単色や2色使いもしています。
かならぽ b idol The アイパレR 02 ¥1,980

Color Make-up

Yukari's make-up

CHAPTER 3

レッド、ブルー、オレンジ、
イエロー、グリーン

ポイントで魅せる色メイクに挑戦

「色」。それが今回のテーマです。
メイクに色をとり入れることによって
モチベーションが一気に上がるだけでなく、
全体のトーンが一気にお洒落になったり
顔だけでなく、服のイメージさえも変えてしまう。
青いマスカラとかをつけてたら
「なんかすごくかわいいね」
「いつもと雰囲気違うね」ってなりますよね?
色といってもいろんなバリエーションがあるから
目を引く色をひとつでもまとってみて
いつもと違う自分を楽しんでもらいたいです♡

由香里流！洒落見えの厳選 5 色！

色って難しいイメージがあると思うんです。でも、ひとくちに赤といっても、透け感があったり、くすんでいたりすると違って見えるから、自分に似合う赤は必ずある！　ぜひ、その色や質感に合ったやり方を見つけて、メイクの幅を広げてください。

Mascara
目元に透明感を宿す 清らかなブルーで 視線を集めて

実はブルーって難しい色と思われがち。だけど、光が当たったときに、目元だけでなく顔全体のトーンを上げてくれる優秀カラーなんです。

BLUE

RED

Lip & Eyeshadow
ブライトレッドなら ピュア感もありつつ インパクト大！

"つけていてかわいいな""ポイントになるな"、と思うのが、明るめのブライトレッド。塗り方次第でぐっとお洒落な顔に♪

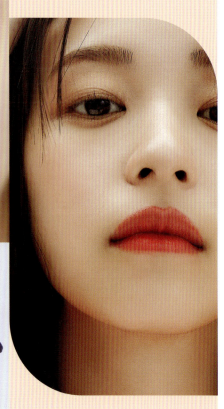

CHAPTER 3 —— カラーメイク

GREEN

Eyeline
明るめのイエローグリーンでかわいさをあふれさせて

イエローグリーンは、私がずっと推しているカラー(笑)。入れ方と合わせる色で、今っぽいかわいさにアップデートしてください♥

Lip & Eyeshadow
ゴールドに逃げず鮮やかなイエローこそ洒落見えがかなう

一見肌になじみそうだけれど、実はくすみやすいから、鮮やかなイエローを選ぶのが◎。ゴールドにはない、鮮度の高い顔になれます。

ORANGE

Cheek & Lip
ツヤのあるコーラルオレンジでヘルシー美人を狙おう

オレンジで洒落るなら、ヘルシーに見せるのが正解。使いやすいコーラルオレンジに、ツヤ感と抜け感をプラスするのがおすすめ!

YELLOW

Lip & Eyeshadow

シースルーマットに発色させて！
ブライトレッドでピュア感を

赤で洒落顔を作るなら、〝明るめのブライトレッド〟がイチ推し！ これをベタッと塗るのではなく、指でなじませてふわっとのせるのがコツです。うるっとさせすぎず、シースルーマットになるように意識して。メイクにインパクトが出るのにピュア感も演出できる上、あらゆるファッションにもマッチしますよ。

薄く透けるように発色させるとヘルシーでお洒落♪

ブライトレッドは、薄く、透明感が出るように指でなじませて。唇の丸みを生かしてふわっと広げていくと、軽さがありながらも存在感が出ます。厚くぼてっとつけてしまうとカジュアル感がなくなるから、ヘルシーに見せるのを意識して。唇にインパクトがあるから、目元は透け感のあるブラウン、チークはローズなどにするとバランスが◎。

その他のHOW TO MAKE-UP

EYE Dの1と3をミックスしてアイホールに広く入れる。2を下まぶたの目頭から目尻まで幅広めに入れて透明感をアップ。眉はBの眉マスカラで眉の存在感を柔らげる。

CHEEK Aの1を小鼻横に小さく丸めに入れる。1の上に2を広めに重ねて。

EYE D.コーセー ヴィセ キラーアイ トリオ BR-2 ¥1,430（編集部調べ） B.井田ラボラトリーズ キャンメイク コンシーラーブロウマスカラ 01 ¥748 CHEEK A.hince トゥルーディメンションレイヤリングチーク L001 アリュール・イン・ザ・エアー ¥3,410 LIP C.シャネル ルージュ アリュール リキッド ヴェルヴェット 222（本人私物）

+Eyeshadow でアレンジ！

目元にもレッドを使うなら、広範囲にグラデーションで入れて色をしっかり見せて。左のパレットの**1**を上まぶたに広く入れ、**2**と**3**をミックスしてアイホールに。リップは、コンシーラーで素の唇の色味を抑えてから、右ページのCを薄く塗るとバランス良くまとまる。

[EYE] ディオール ディオールショウ サンク クルール 879 ¥9,570

Arrange!

存在感がありながらも軽やかでピュアな洒落顔に

Mascara

まつげに繊細なニュアンスを
清らかな**ブルー**で透明感をアップ

ブルーは少し難しいので、まずはマスカラで挑戦してみて。目元を清らかな印象にして、顔全体の透明感を高めてくれます。目元のベースとなるアイシャドウは、透け感があってラメが入っていない、ピンクブラウンやオレンジブラウンといった暖色系がおすすめ。カーキブラウンやグレーブラウンだと目元がくすんでしまうので、このルールは絶対です。

\Point/
自まつげと同じ方向へ根元から上げる

マスカラを塗る前に、ビューラーでまつげを根元からしっかり上げて。自まつげが生えている向きと同じ向きに上げると、仕上がりが自然。

\Point/
しっかりとかして繊細にのばす

マスカラを塗った後に、コームでとかすひと手間を。コームでまつげを持ち上げながらスッと抜くようにとかすと、繊細にのびてキレイ。

[EYE] C.THREE ワイズアイズ パースペクティヴ マスカラ 04 ¥4,400　D.カネボウ化粧品 ケイト ポッピングシルエットシャドウ OR-1 ¥1,540（編集部調べ）　[CHEEK] B.コスメデコルテ パウダー ブラッシュ 301 ¥5,500　[LIP] A.クレ・ド・ポー ボーテ ルージュアレーブル 11 ¥6,600

暖色系と合わせて透明感を引き立てて

ブルーのマスカラは目元をキュッと締めるので、アイシャドウを広めに入れるのがポイント。Dの1と2をミックスしてアイホールに広く入れ、下まぶたには2と3をミックスして目頭から黒目の下まで入れる。チークはツヤのあるベージュ系、リップはピンク系の暖色でまとめて。

その他のHOW TO MAKE-UP

[CHEEK] Bのツヤ感のあるヌーディなベージュチークを、小鼻より上の高い位置に。丸みのある逆三角形になるように入れる。

[LIP] なめらかなツヤのあるAのピンクベージュを、ややオーバーリップになるように塗ってうるツヤに。

ヘルシー美人な**コーラルオレンジ**

ツヤ感と抜け感が洒落見えポイント

オレンジってポップにもなるし、ヘルシーにもなるし、いろんな要素をもっている色。こなれた感を出すなら、ヘルシー美人になるコーラルオレンジを選びましょう。色選びと同じくらい大事なのが、質感。マットすぎるものは光を吸収して顔がくすんで見えたり、重たく見えたりするので、ツヤがあるタイプを選ぶようにしてください。

オレンジチークは細長く入れてツヤを立てて

オレンジは肌に溶け込んでしまう上に膨張色なので、広く入れすぎると立体感がなくなってしまいます。なので、チークは細長くなるように入れて。Cの1を、サイドから黒目下に集まるイメージで、小鼻の上→黒目の下に向かって入れ、さらに、目尻→黒目の下に向かって入れる。その上からCの2でツヤを重ねて。目元は下まぶたにオレンジを効かせると、目力がありつつも抜け感のある印象に。

(その他のHOW TO MAKE-UP)

[EYE]下まぶた全体に、**A**のリキッドグリッターをチップふたつ分の太さに入れる。下まぶたにアクセントをつけることで、チークの発色に負けない目力がプラスされる。

[LIP]クリアなツヤリップ**B**をたっぷりと塗り、チークを引き立てて。

[EYE]**A**.DIDION リキッドグリッター 03 ¥1,650 [CHEEK]**C**.ディオール ディオールスキン ルージュ ブラッシュ カラー&グロウ 457 ¥8,470 [LIP]**B**.韓国高麗人蔘社 ロムアンド グラスティング ウォーターグロス 00 ¥1,210

+Lip でアレンジ！

唇にもオレンジの色味をプラスしてワントーンメイクを楽しんでも。輪郭の丸みを少し意識しながら、ツヤツヤに仕上げて。

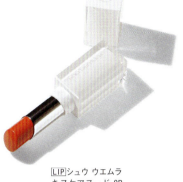

LIP シュウ ウエムラ キヌケアヌード OR 535 ¥4,840

ツヤを操って立体感のある大人なヘルシー顔に

YELLOW

いつものブラウンアイが新鮮に♪
大胆イエローを2か所に使う

イエローは、肌にのせると顔色が悪く見えることがあるので、パキッとした鮮やかなトーンを選ぶこと。ブラウンと組み合わせても、新鮮に仕上がりますよ。1か所だけ使うと目立ちすぎるから、もう1か所にニュアンスで入れるのもポイントです。ただ、イエローをゴールドで表現するのはNG。途端にもやっと見えてしまうので、〝イエローは鮮やかさ〟を重視してください。

[EYE] B.シュウ ウエムラ クロマティックス クワッド アイスカルプト サマー マツリ ¥7,150　[CHEEK] A.セザンヌ フェイスグロウ カラー 01 ¥660　[LIP] C.THREE ディヴァインリップジェム 01 ¥3,850

その他のHOW TO MAKE-UP

[CHEEK] Aの1と2をミックスして、小鼻の上から黒目下へ向かって楕円状に広げて、ほんのりとした血色感とツヤ感を出す。

イエローは単品使いせずにレイヤードを意識して

発色の良いイエローに、ベージュ、ブラウン、ラメが入ったBのようなパレットは使い勝手◎。1と2をミックスしてアイホールより広めに入れたら、3をアイホールに。さらに4を薄くアイホールの境目から上に向かって広げ、イエローのグラデーションを作る。下まぶたは1と4をミックスして目頭から黒目の下まで入れて。リップは、ツヤ感と透け感のあるCを唇全体に。唇本来の赤みを拾い、オレンジでもベージュでもないニュアンスを生み出す。

大胆イエローだからこそ鮮度の高い顔に！

Eyeline

ペンシルだから効かせやすい
かわいい目元は**イエローグリーン**が勝ち！

目元に効いたグリーンって本当にかわいい。グリーンも白っぽいものやくすみトーンなどいろいろありますが、私がずっと推しているのは、なじみのいい明るめのイエローグリーンをラインで入れること。リキッドではなく、ペンシルから始めてみてください。ベースにブラウンを仕込んで、目尻はのばしすぎずスッと終わらせるのが、今っぽくかわいい目元を作るコツです。

先にブラウンのアイシャドウを仕込んでおく

ブラウンのアイシャドウにイエローグリーンを重ねると、明るすぎず暗すぎず、絶妙な発色に。初めての方でも取り入れやすいはず。

目尻はのばしすぎずフェードアウトさせて今どき感を

グリーンを効かせようと目尻のラインを長くするのはひと昔前のメイク。今っぽく効かせるなら、フェードアウトさせるのが正解です。

描き出しと終わりをぼかすのがコツ

Dの**1**と**2**をミックスしてアイホールに広く入れる。**2**と**3**をミックスし、下まぶたの目頭1/3を外して目尻まで長めにラインっぽく入れる。ブラウンのグラデーションで目元を囲むイメージ。Cで黒目の上から目尻にラインを引き、ラインの引き始めと終わりを綿棒でぼかして。

その他のHOW TO MAKE-UP

CHEEK グリーンラインのかわいさを引き立てるために、Aのヌーディなカラーで日焼けチーク風に。小鼻の横から横長に入れる。

LIP リップもグリーンのラインを引き立てるために、肌なじみが良いかわいいBのピンクベージュを。輪郭に丸みをもたせて塗って。

[EYE] C.コーセー ヴィセ アヴァン リップ&アイカラー ペンシル 002 ¥1,320（編集部調べ） D.カネボウ化粧品 ケイト デザイニング ブラウンアイズ BR-11 ¥1,320（編集部調べ） [CHEEK] A.ローラ メルシエ ブラッシュ カラー インフュージョン 06 ¥4,730 [LIP] B.H ERA ルージュ クラッシィ 427 ¥5,280

〝なじんでいるのに印象的〟という絶妙なかわいさを

\ 由香里のお気に入りカラーコスメ！ /

遊び心も洒落感も一気にプラスされるカラーメイク。差し色としてポイント使いするのもよし、ファッションにリンクした色を選ぶのもよし。色の組み合わせを楽しみながら、メイクの可能性を自由に広げてみて♪

Red

多幸感あふれる表情の完成♪

② 血色感をアップさせるフレッシュな赤

唇がぱっと華やかになるから使用頻度多し！彩度は高めだけれど、クリアな赤み。発色が良いので、指でポンポンづけしたり、塗った後に軽くティッシュオフして。

HERA センシュアル パウダーマット リップスティック N #321 ¥4,840

③ ぽってりとした重めな色づき

彩度が高く、しっかりとした赤みなのに、唇から浮きすぎないフィット感のある色。奥の方に深みを感じるので、大人っぽいメイクをしたいときにおすすめです。

イヴ・サンローラン ルージュ ピュールクチュール R7 ¥6,490

RMK シンクロマティック アイシャドウパレット 08 ¥6,380

① 赤くなりすぎず大人っぽい目元に

赤みがしっかりとあるけれど、グレイッシュな感じで使いやすい。左上はブラウンの延長としても使えて、右上は発色が良いけどしっくりとくる血色感があります。

Blue

瞳の色までぐっと美しく

⑤ ニュアンス程度の抜け感をプラス

つけると、ブルーというよりもネイビーブルー。液がまつげにしっかりとフィットするから、どこか黒みを残し、カラーマスカラでも目元の印象が強まります。

OSAJI ニュアンス ボリューム マスカラ 04 ¥3,300

④ 自まつげの黒が透けるクリアな青

実際につけてみるとブルーが強く出てこないどころか、自然になじみ、瞳の透明感を引き出してくれます。アディクションのカラーマスカラは、どの色も透明感大！

アディクション ザ マスカラ カラーニュアンス WP 015S ¥4,180

Orange

ピュアな輝きをオン

⑦ 2色が引き立て合い、メリハリフェースに

ミックスして使うので、色味もツヤも調整可能。フレッシュになりすぎず、肌に溶け込むオレンジ。ハイライトでぼかせるので、失敗しづらいところもいい。

カネボウインターナショナルDiv. KANEBO ムードブースティングブラッシュ 01 ¥5,830(セット価格)

⑥ 見た目よりも優しい発色♡

ミルキー感があるおかげでオレンジが強く発色せずに、ほわっとした仕上がりに。オレンジってヘルシーに寄ってしまいがちだけれど、柔らかさを残してくれます。

ディオール ロージー グロウ 004 ¥6,380

⑧ 見たままの美しい発色

質感的にミラーレスで使えて、キュルンとした柔らかさが出ます。思ったよりも黄みのあるオレンジで、赤っぽさはなし。マットな質感だけれど、心地よい潤い。

イミュ オペラ シアーマットリップスティック 03 ¥1,980

⑩ ボリュームアップがかなうラメ感も◎

強く発色すると難しいイエロー。コレは時間がたつと肌になじむし、赤リップなどに重ねてもベースの色を消さずにイエローのニュアンスをプラスしてくれます。

かならぽ フジコ プランピーリップ 05 ¥1,540

⑨ イエローの突破口としてイチ推し!

Lakaのアイパレットは全部大好き。イエローって合わせ方が難しく感じるかもしれないけれど、あえてモーヴと合わせて、化学反応を楽しんでみて!

JT Laka フォーエバー6アイパレット 02 ¥2,970

Yellow

見た目も楽しいユニークな配色

Green

イエローグリーン以外のグリーンだとこんなのもおすすめ♪

⑫ 瞳の茶系の色素を引き立てる実力派

お絵描きのような、おもちゃっぽい見たままの発色。思いっきり印象的に仕上げたい人はこの1本を使うべき。目の際、目頭、目尻だけとか部分的に入れてみて。

UZU アイオープニングライナー パステルグリーン ¥1,694

⑪ 大胆に太めラインを引くのもお洒落

白みニュアンスのあるグリーン。難しい色ではあるけれど、ラインを引いた後にチップでぼかせば、アイシャドウになじみやすくなります。にじみにくさも優秀。

ディオール ディオールショウ スティロ ウォータープルーフ 246 ¥4,510

遊び心満載のパステルグリーン

Base Make-up

Yukari's make-up

CHAPTER 4

もともともっている
透明感と立体感を際立たせる

メイクが映える**ベースメイク**の極意

色をレイヤードするのと同じで肌もレイヤードするのが好き。
"薄づき"とは違って、"薄ぴた"で重ねることによって
自分の透明感や立体感が残るのに肌が作られていく。
そういう肌作りができると、どんなメイクも映えるんです。
ポンポンと丹精込めて何回もたたき込んでいるうちに
途中で肌とファンデが会話する瞬間がある。
「うまくいった」っていう瞬間があるんです。
仕事柄、すべての人をキレイにしたいからこそ
ベースメイクだけは絶対に妥協しないし、
そうすることで色もキレイに見えること、ぜひ知ってほしい。

薄膜をレイヤードして
4アイテムで色映え肌！

単なる薄づきではない、薄膜を丁寧に重ねた〝薄ぴた〟肌作りに使うのは、この4アイテム。
ナチュラルだけどちゃんと整ってる肌にこそ、メイクの色がキレイに映えるんです。

3 クッションファンデーション

薄膜を肌と一体化させる〝薄ぴた〟の主役！

薄い膜を肌に密着させるには、クッションタイプがベストです。クレ・ド・ポーのクッションは、薄づきでもきちんと整った肌に仕上がって、くずれにくいので気に入っています。

弾力性・密着性の高いテクスチャー。華やかなツヤと潤いあふれる仕上がりに。クレ・ド・ポー ボーテ タンクッションエクラ ルミヌ SPF25・PA+++ 全6色 ¥11,000（セット価格）

1 ベージュ下地

色ムラを抑えてファンデ前の土台作り

肌色のトーンがナチュラルに整うから、その後のファンデーションやコンシーラーのつけすぎを防いでくれます。アディクションの下地は、ツヤ感がキレイでのびが良いのでおすすめです。

美容成分をたっぷり配合。血色感のあるピンク系ベージュの下地。アディクション スキンプロテクター ソフトグロウ 002 SPF40・PA+++ 30g ¥4,180

4 プレストパウダー

ツヤ感を残しながら不要な油分だけ抑える

仕上げは、ツヤのあるフェースパウダーで余分な油分をオフ。量が調整しやすいプレストタイプがおすすめです。ローラのプレストは粒子が細かく薄づきで、肌の質感を損ないません。

乾燥した部分の潤いを守り、テカる部分の不要な皮脂を吸収。ローラ メルシエ リアル フローレス ルミナス パーフェクティング プレスト パウダー トランスルーセント ¥6,820

2 パール下地

輝きをプラスして透明感を底上げする

ベージュ下地に混ぜる繊細なパールの輝きが、透明感を高め、粗やくすみもとばしてくれる！ジルの白パール下地は、ツヤ肌作りの隠し味として、もう何度もリピートしてます。

ミルクのようになめらかにのびて、光の効果で毛穴も自然にカバー。ジルスチュアート イルミネイティング セラムプライマー 01 SPF20・PA++ 30ml ¥3,520

—How to— 下地

全体に広げて一気にのばす！

START！

ベージュにパールをMIX

混ぜるとこんな感じ

ツヤ感をもっと出したい場合は、パール下地の量で調整します。

1 下地をミックスしてツヤ肌の土台を仕込む

手の甲に、パール粒大のベージュ下地と、それよりやや少なめの白パール下地を加えて混ぜます。手の甲で下地が乾かないうちに、そのまますぐ塗り始めましょう。

USE IT！

右／アディクション スキンプロテクター ソフトグロウ 002 SPF40・PA+++ 30g ¥4,180
左／ジルスチュアート イルミネイティング セラムプライマー 01 SPF20・PA++ 30ml ¥3,520

実践！たたき込んで、重ねる！4アイテムで色映え肌作り

特に知ってもらいたいのが、クッションファンデーションの塗り方。パフを使って、ファンデーションが肌と一体化する瞬間を感じ取れるまで、しっかりたたき込むのが私流です。

Before

メイク前のすっぴん肌。ここから薄膜を重ねて、ツヤと透明感を加えていきます。目周りのくすみもカバーしたい！

CHAPTER 4 —— ベースメイク

小鼻に
たたき込み

もっと密着感を
高めるなら

メイクくずれやよれ、毛穴などが特に気になるなら、スポンジを使ってたたき込んでしっかり密着させます。

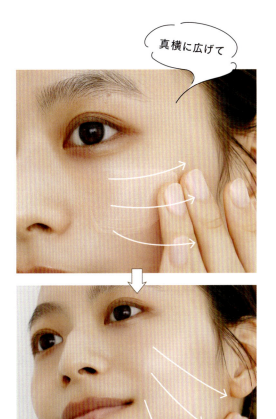

真横に広げて

斜め下にも

3　くずれやすい鼻周りは　クルクル&たたき込む!

手の甲に残った下地を指につけ足し、鼻周りにクルクルなじませてからたたき込んで密着。最後に指に残った量を、口周りや目周りなど、塗り残した細かい部分になじませます。

2　頬、フェースライン、あご下まで、半顔ずつ一気に

手の甲から半分弱の量を指にとり、片方の頬にのせたら、指の腹全体を使って真横、斜め下に塗り広げ、たたき込んでなじませます。最初と同量をまた指にとって、もう半顔も同様に。指に残った分で、額やあごにも塗ります。

—How to—
クッションファンデ

各パーツしっかりタップ\広い部分からスタート

基本のとり方

ファンデを**3**タップ

フタで**5**タップ

右頬に**25**タップ

クッションファンデ付け足し❶
▼
ファンデを3タップ
フタで5タップ

左頬に**25**タップ

4 パフ全面に3タップつけてフタで5タップなじませる

フタでなじませるのは、パフについたファンデの量を調整し、均一にならすため（手の甲よりムダがなく衛生的！）。この後のつけ足しも、基本は同じパターンを繰り返します。

5 まずは目の下の三角ゾーン。頬の中央から広げていく

頬の真ん中から、たたき込みながらだんだん範囲を広げていきます。パフをタップする目安は25回。右頬が終わったら、ファンデをつけ足して左頬も同様に25回タップします。

USE IT!
クレ・ド・ポー ボーテ タンクッションエクラ ルミヌ SPF25・PA+++
全6色 ¥11,000（セット価格）

CHAPTER 4 —— ベースメイク　76

額は左右に広げながら **20タップ**

クッションファンデ 付け足し **②**
▼
ファンデを3タップ
フタで5タップ

鼻周りと目の下を **20タップ**

7 額は眉間から左右に少しずつ移動させていく

ファンデをつけ足したら、額の中央（眉間）から左右に向かって小刻みに移動させながら、額全体に丁寧にたたき込んでいきます。

6 ファンデはつけ足さず鼻周りと目の下にたたき込む

パフに残ったファンデで、鼻周りと目の下をそれぞれ20タップ。たたき込むことで、パフに吸収されていたファンデが戻ってきてきちんとならされ、薄膜が重なります！

— How to —
クッションファンデ

鼻の下に **20タップ**

口周りに **20タップ**

フェースラインに スーッと

クッションファンデ 付け足し ❸
▼
ファンデを1タップ フタで5タップ

9 フェースラインに滑らせて首との境目をぼかす

最後のファンデつけ足しの量は、1タップと少なめです。フェースライン(あごの裏)と首との境目をなじませるため、パフをスーッと滑らせてぼかします。

8 そのまま鼻の下と口周り、目周りまでフォロー

額が終わったら、パフに残った分で鼻の下や口周り、次に目周り…と、塗り残している細かい部分にたたき込みます。

USE IT!
クレ・ド・ポー ボーテ タンクッションエクラ ルミヌ SPF25・PA+++
全6色 ¥11,000(セット価格)

CHAPTER 4 —— ベースメイク

生え際を
20タップ

おさらいの
全顔トントン♪

11 顔全体をトントンして
ダメ押しのたたき込み！

もうほとんどファンデが残っていないパフで、顔全体の仕上がりを確認するように軽くタップ。この〝おさらいトントン〟で、ファンデの薄膜がピタッと定着！

10 生え際辺りの塗り残しも
タップしてなじませる

パフに残った少量で、生え際全体をトントンと丁寧にたたき込みます。額のファンデとの境目を自然になじませるイメージです。

\くずれが気になる パーツにひとはけ/

—How to— プレストパウダー

（パフを折って目周りに）

（眉や小鼻に）

（鼻周りも）

13 くずれやすい部分だけでOK。ふんわりのせてなじませる

大きめのブラシでパウダーをとり、手の甲で軽く調節。眉やまぶた、小鼻周りにのせてブラシでなじませます。特に眉とまぶたは、必ず油分をオフしてからポイントメイクを！

12 気になる細かい部分があれば最後にちょい足し

目の際や鼻周りなど、細かいところをもう少し重ねたい場合は、パフの先にファンデをちょこっとつけて塗り足しを（このときつけすぎ注意！）。パフを折って密着させ、小刻みにたたき込みます。

USE IT!

ローラ メルシエ リアル フローレス ルミナス パーフェクティング プレスト パウダー トランスルーセント ￥6,820

CHAPTER 4 —— ベースメイク

「薄ぴた」だからかなう、繊細に輝く色映え肌!

FINISH!

+1テクニックでお悩みを解決

ベースメイクで"色映え肌"を仕上げた後に、まだちょっと気になる悩みが…というときは、このアイテムでレスキュー！

お悩み① もっとツヤがほしい

\ Yukari's Answer /

頬の高い位置にパーリィな輝きをオン

リキッドタイプのハイライターを頬にプラスすると、ツヤの印象をぐっと盛れます。もともとベースにツヤがあるので、強めの輝きを重ねても不自然にならず、内側からツヤがじゅわっとにじみ出てきたみたいに♡

頬骨の高い位置から指で薄く広くのばします。頬の上部に光を集めて立体感を出したいので、法令線にはかからないように。

薄く薄く広めに

USE IT!

「濡れたような繊細な光がとてもキレイ！」。軽やかなテクスチャーで、強い輝きを放つ薄い膜がなめらかに密着。ディオール ディオールスキン フォーエバー グロウ マキシマイザー パーリー ¥5,940

お悩み② シミやニキビを消したい

\ Yukari's Answer /

ピンポイントで狙えるコンシーラーをポンッ

シミやニキビなど隠したい部分に、コンシーラーのチップの先をポンッとおきます。

狙い撃ちして広げない！

コンシーラーを塗った範囲を広げないように、綿棒で肌との境目をふわっとぼかします。

USE IT!

「かなりしっかりのカバー力！」。持続力も万全。インターナショナルコスメティックス ザ・セム CP チップコンシーラー 1.5 ¥990

シミやニキビのカバーには、柔らかくてなじませやすいピタッと密着のリキッドコンシーラーを。狙った部分にピンポイントで塗れてしっかり隠せるので、チップタイプが便利。塗った後は忘れずになじませて定着させましょう。

CHAPTER 4 ── ベースメイク

お悩み③ くまが目立つ

\\ Yukari's Answer //

オレンジとベージュの合わせ技でキレイに消す

目の下のくまには、パレットタイプのコンシーラーを。オレンジ系コンシーラーでくまをカバーして、その上から自分の肌より少し明るめのベージュのコンシーラーを薄く重ねると、厚ぼったくならず自然に隠せます。

USE IT!
「使いやすい配色バランス」。ほんのりツヤっぽい質感のコンシーラーパレット。コスメデコルテ トーンパーフェクティング パレット 01 ¥4,950

幅を広げずトントン♪

パレット1のオレンジをくまの濃い部分（黒い線）にのせて、その場でタッピング。次に2と3を肌色に調節しながら混ぜ、下まぶた全体に下から上に向かって薄く重ねます。

\\ Yukari's Answer //

"後のせハイライト"の輝きで立体感を出す

ベースメイクの最後にハイライトをプラスすると、顔だちにメリハリがついて肌にもハリ感がパーンと出ます。ベージュ系のパウダーハイライターで、目の横のCゾーン、こめかみ、まぶた、眉の中に輝きを仕込みます。

お悩み④ パンッとしたハリがほしい

眉の中にも輝きを

眉の中からツヤがふわっとにじみ出て、立体感も洒落感もアップ。

Cゾーンは目尻を囲むのではなく、こめかみに向かって外へ輝きを広げます。

USE IT!
「ベージュ系の輝きで肌なじみ抜群」。オパールの輝きに着目した上品なツヤを放つ。クレ・ド・ポー ボーテ ル・レオスールデクラ 202 ¥9,350

\ まだまだあります！ /
由香里の推しベースメイク17

スキンケアを
している感覚♪

一瞬で
素肌レベルが
ぐっとアップ

素の自分の肌がキレイと
思える状態に土台を整えて

MAKE-UP BASE
—— メイクアップベース ——

④ ヘルシー感とツヤを生かすベージュ下地
色ムラやくすみをとばして、なおかつ、ツヤや潤い感が長時間持続。ヘルシーな印象に仕上がるので、コレを使ったときはあまりファンデを重ねない方が◎。
RMK ルミナス メイクアップベース SPF22・PA++ 30㎖ ¥4,400

③ ちょっぴりピュアな印象を作りたいときに
新色の00は肌をほわんと柔らかく見せてくれる優しいピンク。血色感のある肌を作ってから、あえてアイシャドウやリップをシックな色で締めるのもお洒落。
ポール & ジョー ボーテ モイスチュアライジング プライマー 00 SPF15・PA+ 30㎖ ¥4,070

② 初めて使ったときの感動が忘れられない
時間がたつごとに、肌の潤いと混ざりツヤが変化して、立体的になっていく…。コレを仕込んでいるだけで、すごく上品な印象の肌になれます。
SUQQU ザ プライマー SPF15・PA+ 30g ¥11,000

① スキンケアとメイクがひとつでかないます
色ムラをカバーしてくれるベージュ。UVカットやスキンケア効果もあって超優秀。パーンっと張っているような、ツヤに満ちた立体感のある肌になれます。
Waphyto UVクリーム ナチュラルベージュ SPF40・PA+++ 30g ¥4,400

今日はどんなメイクにしよう？
それにマッチした肌作りを！

FOUNDATION
―― ファンデーション ――

“肌魅せのための
" 無敵 " ファンデ”

1

2

“美容液に
包み込まれて
いるかのよう”

4

3

❝ ④
つけ心地がとにかく
軽やかで心地いい ❞

肌に優しい成分がたくさん配合
されているので、肌の調子がイ
マイチなときでも安心して使え
る。ツヤ感がずっと続くから、
肌がイキイキと見えるのも◎。

ベアミネラル オリジナル ピュ
ア セラム カバーアップ クッ
ション SPF40・PA++++ 全4色
¥6,820（セット価格）

❝ ③
個人的にいちばん
盛れるファンデです ❞

一日中くずれ知らずで、もしも
ずれたとしても、お直しで使う
と、1から仕上げたようなキレ
イな肌に戻れる。しっかりUV対
策できるのもうれしいポイント。

By ttt. クリアデイリークッショ
ン SPF50+・PA+++ 全2色 ¥
2,970

❝ ②
数えきれない程
リピートしまくり ❞

リッチさはあるのに、どこかカ
ジュアル。しっかりと作り込ん
でいるのに、どこか抜け感があ
る。" 無敵な肌 " だから、どんな
メイクをしてもばっちりキマる。

ディオール ディオールスキン
フォーエヴァー フルイド グロ
ウ SPF20・PA+++ 全11色 30mℓ
¥7,700

❝ ①
超自然！ なのに
存在感のある肌に ❞

肌にピタッと薄く密着して、自
分の自然な血色を生かしつつも、
しっかりと肌悩みをカバー。時
間の経過と共に立体感が増し、骨
格を美しく引き立ててくれます。

HERA グロウ ラスティング ファ
ンデーション SPF22・PA++
全5色 30g ¥7,700

\まだまだあります!/
由香里の推しベースメイク17

洗練された印象へと
総合的にアップデート!

SPECIAL
―― スペシャルアイテム ――

1

ハイライト&
シェーディングが
各2色も!

3

2

肌に溶け込むような
自然な仕上がり

4

5

⑤
**この1本で肌を
仕上げることもあり!**

私が推している、丁寧に薄
膜をレイヤードした"薄ぴ
た"肌がかなうコンシーラ
ー。肌色をよりフラットに
見せてくれるので、カラー
は"2N1"をいちばん愛用。

ローラ メルシエ リアル フ
ローレス ウェイトレス パ
ーフェクティング コンシ
ーラー 全6色 5.4ml ¥4,730

④
**肌悩みがカバー
されている感ゼロ**

しっかりとカバー力があり、
なおかつ、肌に高密着する
のでくずれにくいところが
優秀。丁寧に作り込んだ肌
に見せたいけれど、抜け感
を足したいならコレ!

イヴ・サンローラン オール
アワーズ コンシーラー 全
7色 15ml ¥5,940

③
**肌に暖かくなじむ
02が推し!**

左上のマットなベージュは
まぶた全体に、左下のパー
ル入りはポイントでツヤ感
を足したいときに使用。濃
淡2色のシェーディングは
広範囲に使うのがおすすめ。

mimi-Japan JUDYDOLL メ
リハリマスターパレット
#02 ¥2,090

②
**誰でも簡単に
小顔印象になれる**

こめかみや、耳の下からフ
ェースラインにかけてサッ
と引き、指でポンポンとな
じませるだけでメリハリ顔
に。ベージュブラウン(02)
だと自然に仕上がります。

セザンヌ シェーディング
スティック 02 ¥660

①
**"広めにふわっと"
で血色感アップ**

ピュアさとハリ感が両方出
るから、ピンクが特にお気
に入り。アイシャドウベー
スやハイライト、チーク、
いろんな部位にちりばめて
使うのにハマっています♪

ディオール ディオールス
キン フォーエヴァー グロ
ウ マキシマイザー ピンク
¥5,940

CHAPTER 4 ── ベースメイク

仕上げにふんわりとのせれば
美しい仕上がりがずっと続く

POWDER
―― パウダー ――

ピュアな
ヴェールを
まとえる♡

1

2

3

4

透明感を底上げ
するラベンダー

④
**カジュアルだけれど
どこかリッチな肌に**

新色の"No.00。は、肌にスッと溶け込む感覚や、瞬時に透明肌に仕上がるのがお気に入りポイント。ハリ感のあるツヤと立体感が一気に出ます。

パルファム ジバンシイ プリズム・リーブル No.00 ¥8,250

③
**素肌の美しさを生かす
薄づきパウダー**

お気に入りのパウダーの中でも特に薄づき。目元のメイクくずれを防ぐために、眉を含む目元周りにしっかりめにつけます。重くなりすぎないのがいい！

hince セカンドスキンエアリーパウダー AP001 ¥2,860

②
**パフで全体的につけても
粉っぽさなし！**

肌がぱっと明るくなるだけでなく、濃淡ピンクなどの5色が混ざり合って、肌の柔らかさや透明感を引き出してくれます。ピュアな印象へと総仕上げ。

エレガンス ラ プードル オートニュアンス Ⅷ ¥11,000

①
**思わず触れたくなる
陶器肌を演出**

つけた瞬間に毛穴が隠れて、肌がフラットになる感覚が好き。Tゾーンや頬などポイント使いすることが多く、すべすべ＆サラサラとした快適な肌が続きます。

カネボウ化粧品 ルナソル スムースクリアパウダー 01 ¥5,500

Eyebrows Make-up

Yukari's make-up

CHAPTER 5

ふわっとなじませて
洒落顔へと総仕上げ

ナチュふわ眉に今すぐなりたい！

眉の印象でイメージがぐんと変わるのでお洒落な眉の描き方を日々研究しています（笑）。理想は、目元にふわっとなじんでいる柔らかい眉。眉が柔らかいと、どんなメイクにもマッチするんです。使うのは、パウダーと細めのペンシルアイブロウ。ぼけぼけしすぎないように濃い色を使ったりしてメリハリはつける。でも基本はやっぱりレイヤード。下のラインを1回描いてからあえてぼかしたり、最後にオレンジベージュのパウダーをかけたりして仕上がりのふわっと感を変えたりするのも面白いんです。

Eyebrows

ナチュふわ眉は、日常メイクに合わせやすい万能眉!

CHAPTER 5 —— アイブロウメイク

ナチュふわ由香里眉、5つのメソッド

眉は存在感が柔らかい方が今っぽく、日常メイクに合わせやすいと思います。きっちり描いてしまう人は、眉を単体で見ているからかも。まぶたからつなげるイメージで、目元全体のバランスを重視して。

1 80%をパウダーで仕上げる

ナチュふわ眉を作るには、基本的にパウダーをメインに使います。足りないところを細いペンシルで描き足して、眉マスカラで立体感を出したら、仕上げにもう一度パウダーを。80%をパウダーで仕上げるようにすると、自然と柔らかい印象の眉になるんです。

2 毛並みはふわっと柔らかに

目指したいのは、日常になじむメイク。となると、キリッとした眉よりも、ふわっと柔らかい眉の方が、どんなメイクとも合わせやすいと思います。ふわっとした毛並みをイメージしながら、1工程ずつ、柔らかさを意識して作っていってください。

3 色を仕込んでニュアンス作り

眉の色は、あえて眉マスカラで変えず、パウダーを使います。オレンジやピンク、ベージュなどを使うと、パッと垢抜けた印象になるし、抜け感が出てアイメイクが映えるんです。まずは、肌になじみやすい色から試してみて。きっと新しい顔に出合えるはず。

4 眉尻は細すぎずぽってり

眉尻をきゅっと細く描いてしまうと、ふわっと柔らかい印象から離れてしまいます。自眉が薄い人は、ペンシルで描いたあとにパウダーでぼかしてみて。自眉が濃い人も、パウダーでふわっとさせると、ぐっと柔らかい印象になりますよ。

5 1本1本を描きすぎない

どんなメイクとも合う万能眉は、1本1本きっちりと描きすぎないのが鉄則。でも、もやもやした眉だとぼやけて見えてしまうから、眉下のラインはペンシルなどで描いてからぼかすようにしています。このひと手間が、ふわっとした存在の眉に仕上がるコツです。

ナチュふわ眉が即描ける

由香里印の5点セット！

基本のナチュふわ眉に欠かせないのが、毛流れを整えるスクリューブラシ、パウダーをふわっとのせるブラシ、アイブロウパウダー、アイブロウペンシル、眉マスカラの5点。ブラシは、コシの良さと粉含みを重視しています。また、万能な配色のパウダーや、絶妙カラーのペンシル、ベタッとつかない眉マスカラなど、私がたくさん使ってきた中から、初心者さんでもメイク好きさんでも満足してもらえるアイテムを厳選しました。

ふんわりとした毛流れ作りに最適

パリッとせず、ふわっとした毛流れを作りやすいのが特徴。乾いてから調整したり、パウダーものせやすいです。くすんだミルキーカラーで柔らかさも演出できます。

カネボウ化粧品 ケイト 3D アイブロウカラーZ BR-1 ¥935(編集部調べ)

絶妙なくすみ感のニュアンスカラー

エスプレッソラテという名のちょっとくすんだ色が絶品！ 芯も程よい軟らかさで、濃くなりすぎません。ペンシルはこういったニュアンスカラーが推しです！

ジルスチュアート エアリーステイ ブロウライナー 09 ¥2,420

眉のベースも仕上げのニュアンスも思いのまま

ベースとなるブラウンカラーだけでなく、ニュアンス作りに欠かせないオレンジと赤も入っていて、とっても重宝します。付属のブラシも使いやすく、優秀！もちの良さにも定評あり。

イプサ アイブロウ クリエイティビパレット ¥4,620

ふわ眉作りに重宝する大きめブラシ

パウダーをふんわりと、でもきちんとのせられる大きめのサイズと粉含みの良さがお気に入り。最後の仕上げにパウダーをのせるときに欠かせません。

眉に寄り添う斜めカットのブラシ。SUQQU アイブロウブラシ ラージ ¥4,400

どんな毛のタイプにもフィット！

毛流れを整えたり、ぼかしたりするのに欠かせないスクリューブラシ。これは固すぎず柔らかすぎず、程よくなって、どんな毛質にも使いやすいです。

眉を自然な印象に整えるナイロン製のブラシ。RMK スクリューブラシ ¥880

\実践!/ **存在感はあるけれど主張しない ナチュふわ眉の作り方を完全公開!**

私が眉を描くときに行っている基本プロセスを紹介します。必ず全工程やる必要はないので、自分の眉と目元のバランスを見てベストを探してください。常に"柔らかそう"を意識するのが大切です！

濃淡カラーをミックス —How to— **アイブロウパウダー** ◀◀ 油分オフを忘れずに♪ —How to— **スクリューブラシ**

START!

淡い色から往復させて

2 ベージュとブラウンの2色をブラシで混ぜてとる

付属の毛足の長いブラシを、淡い色（**1**）から濃い方（**2**）へ、そして淡い色に戻ってくるように動かして色を含ませていく。こうすることで、色が濃くつくのを防げる。

USE IT!
イプサ アイブロウ クリエイティブパレット ¥4,620

1 フェースパウダーで油分をとってから毛流れを整えて

眉に油分があると色がベタッとつきやすいので、まずは手もちのフェースパウダーを眉の中に入れ込んでサラサラにしておく。次に、毛流れに沿ってスクリューブラシで整えて。

USE IT!
RMK スクリューブラシ ¥880

— How to —
アイブロウ
パウダー

自眉の毛流れに沿わせて

ブラシを払ってからのせて

4 色が足りない部分に少しずつ足していく

同じブラシでパレットの2のブラウンをとり、目頭以外の色が足りない部分に少しずつ足していく。ベースを整えるイメージで、自分の眉毛に沿うように少し色味を足すくらいでOK。

3 眉頭の1cm内側からふわっとのせていく

プロセス2でアイブロウパウダーを含ませたブラシを、手の甲などでトントンと軽く払って余分な粉をオフする。その後、眉頭1cm内側から眉尻に向かってふわっと色づけていく。

眉下にエッジを効かす！

パウダーは足さない！

ポンポン

6 眉の下にラインをとって立体感を出す

付属の毛足が短いブラシにパレットの2のブラウンをとり、眉下のラインに色をのせていく。眉下にエッジを効かせることで、柔らかいけれどぼやけた印象を回避！

5 ブラシに残ったパウダーで眉頭の隙間を埋める

まだ手をつけていなかった目頭に、ブラシに残ったパウダーをオン。ブラシをポンポンッと置くように色をのせると、ふわっとぼかしたように色づく。

自然な毛流れを演出！

—How to— アイブロウペンシル

\毛が足りない人だけ！/

\"毛感"を出すイメージで

8 ペンシルで毛流れ感をプラス

プロセス7で色を足した上から、ペンシルで毛流れを描いていく。"毛感"をプラスして全体を整えるイメージで、ササッと描いて。足しすぎるとベタッと濃くなるので注意。細めのペンシルならよりリアルに仕上がる。

USE IT!
ジルスチュアート　エアリーステイ　ブロウライナー 09　¥2,420

7 毛がない部分にだけポイントで色を足す

毛の一部分がない人は、プロセス6と同じ毛足の短いブラシにパレットの**3**をとり、ポイントで色を足していく。この後、ペンシルも使うので、しっかり描かなくてOK。

| ◀◀ | 眉マスカラで
ふわっと仕上げる | — How to —
**眉
マスカラ** | カラーパウダーで
洒落感を | — How to —
**アイブロウ
パウダー** |

毛流れに沿わせて

Yukari's Make Point

オレンジパウダーはマスト！

10 眉マスカラで眉毛の根元をすくってふんわりと

眉マスカラがベタッとつかないように、余分な液をティッシュオフしてから、眉毛の根元をすくって立ち上げるように塗布。眉頭は立ち上げず、毛流れに沿わせると自然な仕上がりに。

USE IT!
カネボウ化粧品 ケイト 3DアイブロウカラーZ BR-1 ¥935（編集部調べ）

9 オレンジや赤のパウダーで柔らかい抜け感を

プロセス2と同じ毛足の長い付属のブラシに、パレットの4のオレンジと5の赤をミックスして眉全体に重ねる。オレンジだけならヘルシー系、赤をプラスすると色気もアップ。

フェースパウダーで微調整を

—How to— フェースパウダー

12 フェースパウダーで始まって終わるのが新鮮!

フェースパウダーの粉感がふんわり感を後押ししながらも、ぼやけた印象にはならないのが、由香里眉。手もちのベージュ系のフェースパウダーが"縁の下の力もち"的存在に。

11 フェースパウダーを重ねてさらにふわっと感を

手もちのフェースパウダーを大きめのアイブロウブラシにとって眉全体に重ねると、自然とぼかせてなじみのいい眉に。眉印象が強い時にも使えるテクニック♪

USE IT!
SUQQU アイブロウ ブラ シ ラージ ¥4,400

顔なじみいいナチュふわ眉で優しい表情に

FINISH!

\まだまだあります！/
由香里の推し眉メイクアイテム16

アイブロウパウダーを使いこなし、ふんわり眉に仕上げて
EYEBROW POWDER
―― アイブロウパウダー ――

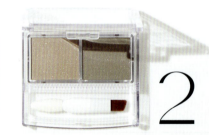

④ ブラウンの延長として使いやすいオレンジ
ブラウンで描いた後、柔らかいブラシでオレンジをふんわりとオン。すると、ブラウンの色味はキープされたまま、オレンジのヘルシーな印象が加わります。

ちふれ化粧品 ドゥーナチュラル スタイリング アイブロー パウダー BR/OR02 ¥2,200

③ 印象の変化を楽しめる絶妙な赤をセット
ブラウンニュアンスの赤なので肌なじみも◎。かわいいイメージにしたいときや印象を柔らかくしたいとき、イメージを変えたいときに"赤"はおすすめです。

ジルスチュアート ブルームニュアンス ブロウパレット 06 ¥3,850

② ふんわり眉に仕上げる粉質が素晴らしい！
パウダー自体がすごく柔らかいので、ふわっとした眉が作りやすいパレット。セザンヌのアイブロウパウダーは、数十個リピートしている程のお気に入り。

セザンヌ パウダリーアイブロウ P1 ¥528

① ベージュからブラウンの濃淡5色パレット
ベーシックな眉を描くのにおすすめなパレット。アイブロウパウダーを使うのが難しいと感じる人は、薄い色から挑戦し、足りない部分に濃い色をのせて。

カネボウ化粧品 ルナソル スタイリングアイゾーンコンパクト 01 ¥4,620

ペンシルは色、太さ、硬さを吟味してベストな1本をチョイスして！

EYEBROW PENCIL
―― アイブロウペンシル ――

1
2
3
4

④
**明るい髪色にぴったりな
オリーブブラウン**

芯が硬すぎず軟らかすぎず、太すぎず細すぎずの絶妙なバランスの1本。足りていない部分を埋めるというよりは、全体的にふわっと描きたい人向け。

常盤薬品工業 エクセル パウダー＆ペンシル アイブロウEX PD15 ¥1,595

③
**優しい色味なのに
毛の存在感を強調**

カラーリングしている髪にもしっくりとくるし、ブラウンより柔らかい印象になれるSUQQUのカーキはイチ推し。ストレスフリーのなめらかな描き心地も◎。

SUQQU スムース アイブロウ ペンシル 01 ¥4,400（セット価格）

②
**1本1本のリアルな
毛を描ける超極細芯**

ペンシルの中でもかなり細い方。しっかりと描けるのに、ベタッとせず軽やかに仕上がります。埋めたいところをきっちりと埋めることができる実力派。

セザンヌ 超細芯アイブロウ 03 ¥550

①
**細かい部分を描き足す
ときに出番が多い！**

すごく細いのにしっかりと立体感を出せて、簡単にメリハリのある眉に仕上げることができます。色味もナチュラルなブラウンなので、自然な仕上がりに。

アディクション アイブロウ ペンシル 01 ¥3,300（セット価格）

\まだまだあります！/
由香里の推し眉メイクアイテム16

なりたいイメージに合わせた
色&質感選びが重要！

EYEBROW MASCARA
―― アイブロウマスカラ ――

④
**頑張りすぎていない
洒落感を演出**

ブラシが細く、角度がついているので、眉毛に沿った正確なアプローチをかなえてくれます。黄みのあるベージュブラウンで、肌にすごくなじみやすい。

シュウ ウエムラ クシ ブロー M
ウォルナット ブラウン ¥3,960

③
**肌につかず塗りやすい
ブラシも優秀**

べったりとつかないし、眉の立ち上がりが超ナチュラル！しっかりと色がつくタイプですが、印象を変えすぎずに、かわいらしい眉毛になれます♡

かならば フジコ マジカルアイブロウカラー 04 ¥1,408

②
**眉の質感までも
柔らかくコントロール**

眉マスカラはパリッと固くなる印象があるけれど、コレはふわっと柔らかい質感になれてお気に入り。明るめな色ですが、肌から浮かずに使いやすいカラー。

イミュ デジャヴュ アイブロウカラー アッシュブラウン ¥880

①
**どんな眉にもマッチする
カラーレスタイプ**

パリッと毛が立ち上がるので、キレイな仕上がりを長時間キープしたいときや、ツヤをプラスしたいときに使うのがおすすめ。薄眉さんもボリュームアップ。

M・A・C プロ ロックド ブロウ ジェル クリア ¥3,630

CHAPTER 5 ── アイブロウメイク　102

もち手の長いブラシを使えば
ふんわり眉を描きやすい!

TOOL
―― アイブロウブラシ ――

❝ ④ ❞
細かい部分にも
手が届くのが秀逸

細かい部分を繊細に埋めるアイブロウ用としてはもちろん、眉頭上下や眉尻に入れるコンシーラー、ハイライト用としても使用。簡単にメリハリ眉に仕上がります。

JULIA IVY レナレビ アイブロウブラシ #10 ¥3,410

❝ ③ ❞
用途に合わせて
ふたつのブラシを活用

アイシャドウ用とのWエンドタイプだけれど、両方眉を描くのに愛用。ふわっとパウダーをのせたり、ポイントで毛を足したり、1本でマルチ使いできます。

EmayMie Wエンドブラシ ¥11,000

❝ ② ❞
スタンプ使いで
キレイな仕上がりに

幅が広く、少し硬めのブラシ。眉下のラインを一気にとりたいときによく使います。濃くしたくない部分には、ポンポンとタップするのがおすすめです。

アディクション アイブロウブラシ 02 ¥3,850

❝ ① ❞
程よくコシがあり、
毛の硬さもちょうどいい

SUQQUのブラシは全般的に優秀。特にこのスモールブラシは、ピンポイントでしっかりと描きたいときや、ラインを柔らかく縁どりたいときに大活躍。

SUQQU アイブロウ ブラシ スモール ¥3,300

Fashion × Make-up

Yukari's make-up

CHAPTER 6

お洒落番長 由香里の

ファッション×ビューティ
1週間コーディネート

昔からいつも鮮やかな色の服を着ていた人たちが周りに多くて、いつのまにか私も洋服を好きになっていました。
小学生くらいで赤いコートとか着ていたような(笑)。
中高時代はギャル誌にハマり、いろいろな服を着ていました。
サロンに入ってからは、お洒落な人にたくさんお会いして刺激を受けて、お洒落って自由に楽しめばいいんだと感じて、何系という型にはめず、毎朝直感で選んで着ています。
美容師やヘアメイクの仕事を経て、色の楽しさを知りました。
まず好きな服を着て、メイクでバランスをとる。
そうやって毎日のトータルコーディネートを楽しんでいます♪

由香里's 1週間コーデをパパラッチ

Fashion × Make-up

私の朝は、クローゼットに向かうことから始まります。その日の天気や予定に合わせるというより、「これ着よう！」という直感で選択。そして、洋服がシックならインパクトのあるリップを合わせたり、洋服が派手ならリップとチークだけにするなどメイクでプラスマイナスしています。昔は濃いメイクばかりしていたけれど、だんだん抜けるようになってきて、よりメイクを楽しめるようになったんです。洋服もメイクの一部と思って、毎日コーディネートを楽しんでいます。

Wednesday
気持ちが明るく弾む
ラメの輝きを投入

Tuesday
オレンジのポイントを
服にもメイクにも

Monday
1週間の始まりは
ツヤ肌でハツラツと

ファッションとメイクの関係性を解き明かす　お洒落番長

Saturday
デニムスタイルをより軽くする青みチーク

Thursday
メガネで気分転換。ヘルシーに日焼けチーク

Sunday
スポーティスタイルにダークリップでレディ感アップ

Friday
全身黒の差し色にハズしの柿色リップ

Monday
Coordination

光沢感のあるブルゾンと合わせて肌もリップもツヤツヤに

キレイめで出かけたい気分の日は、あえて〝テカテカ×テカテカ〟にしたボーイッシュレディコーデをセレクト。ブルゾンやスカートに光沢があるからこそ、メイクにもツヤを入れたいと思って。ハイライトとリップでツヤを出して服のツヤを盛り上げてみました。ちなみにバッグとシュシュはマットです。

ZOOM

ポイントはEYE

ディオールのハイライターをCゾーンに指でのせて目元をぱっと明るくします。ハイライターのピンクニュアンスとギャルズのローズグロスの艶めきがレディな気分♪

右／かならぽ ギャルズ コスメティックス フラッシュ映えグロス 02 ¥1,540　左／ディオール ディオールスキン フォーエヴァー グロウ マキシマイザー ピンク ¥5,940

CHAPTER 6 ── ファッション×ビューティ1週間コーディネート

Tuesday
Coordination

ポイントはオレンジの靴とインナー。
メイクもオレンジを効かせる!

よく、着ているファッションのどこかから色を拾ってメイクに生かしたりもします。この日のポイントは靴と柄シースルーのインナーのヴィヴィッドオレンジ。色のパワーでテンション上げて！ 目元や唇にオレンジをリンク。どちらもいい感じで肌になじむからさりげなくトーンを合わせられます。仕上げにヘアをエアリーにして抜け感も演出しました。

ポイントは
EYEとLIP

ZOOM

右/イヴ・サンローラン クチュール ミニ クラッチ #810 ¥10,890
左/SUQQU モイスチャー グレイズ リップスティック 01 ¥5,830
(セット価格)

サンローランのパレット右下のオレンジを上下まぶたに、左下のブラウンをライン的に入れて引き締めます。SUQQUのオレンジリップで血色感をプラス。差し色で遊んでみました。

Wednesday
Coordination

インパクト大のビッグジャケット。
下まぶたの輝きラメで花を添えて

ビッグジャケットにハーフパンツ、お気に入りのスニーカーを合わせたスポーティコーデで元気に!! ボーイズ感があるので、目の下のキラキラと唇の血色感（フィーのマットローズリップを使用）、そしてインパクト強めのカチューシャで女子度をUP。

ポイントは EYE

ZOOM

Direct Tech U/CHOO ワオ アイ グリッター オレンジ ブロッサム ¥1,490

グリッターライナーを下まぶたにのせて輝きを集めます。肌なじみのいいオレンジなので上品なきらめきに。女子度UPのカチューシャや大ぶりピアスでバランスをとります。

ポイントは
CHEEK

JT Laka ラブシルクブ
ラッシュ 709 ¥1,980

ZOOM

超微細パール配合のLakaのパウダーチーク
が主役。頬骨の上に横長にのせ、鼻の上にも
少し塗って日焼け風なヘルシー肌に仕上げま
す。ヘアもゆるふわでリラックス。

Thursday
Coordination

ノーアイメイクに眼鏡の日。
日焼けチークでヘルシーな表情に

オーバーシャツにオーバーパンツの〝ゆるゆるシルエ
ット〟で気分もリラックス。メイクも頑張りすぎず、
ゆるかっこいいヘルシー感を目指します。アイメイク
はパスしたいから眼鏡をかけてカムフラージュ。チー
クのオレンジベージュでヘルシー肌に仕上げて完成。

Fashion × Make-up

Fashion × Make-up

Friday *Coordination*

オールブラックの差し色は黄緑の靴と柿色のリップ

オールブラックスタイルを黄緑のシューズではずして〝キメすぎないレディ感〟に。仕事の後、そのまま出かけられるお出かけ感も意識しました。メイクポイントは柿色のリキッドリップ。洒落感とこなれ感が出るので、こんなスタイルのときの気分です。

BACK STYLE

実は背中がばっくり開いてちょいセクシー

ZOOM

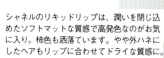

シャネル ルージュ アリュール リクィッド ヴェルヴェット 208
（本人私物）

ポイントは **LIP**

シャネルのリキッドリップは、潤いを閉じ込めたソフトマットな質感で高発色なのがお気に入り。柿色も洒落ています。やや外ハネにしたヘアもリップに合わせてドライな質感に。

CHAPTER 6 ── ファッション×ビューティ1週間コーディネート

ポイントは **CHEEK**

日焼け止めとリキッドファンデで肌にツヤを出し、濃淡ラベンダーのチークをふわりとオン。2色を混ぜて広めにのせてから、淡い色をハイライトとして重ねます。即、透け感アップ。

SUQQU ブラーリング カラー ブラッシュ 06 ￥6,600

Saturday
Coordination

上下デニムのラフデイ。
青みチークの透明感でもっと軽やか

ちらっと出かけるときも、もちろんメイクします。多色使いのシャツをアクセントにしたデニムスタイルには、クリアな肌を合わせたい。それには、ラベンダーチークが大活躍。日焼け止めやファンデーションでツヤを出しつつ、青みチークで透明感を高めます。

ポイントは LIP

SUQQU モイスチャー グレイズ リップスティック 09
¥5,830（セット価格）

ZOOM

帽子で隠れるのでアイメイクはナチュラルに。その分、SUQQUのダークブラウンリップでレディ感を出します。バームタッチで長時間潤いが続くのでアウトドアにもピッタリ。

Sunday *Coordination*

主役はユニフォーム！
深色リップでレディ感をプラス

スポーツ観戦に着て行きたいカジュアル＆スポーティスタイル。実は、メジャーリーグが大好きなので、いろいろなユニフォームを私服に取り入れてコーディネイトするのが好み。メイクもダークリップを締め色的に使ってインパクトをもたせています。

BACK STYLE

大きめ襟を縫いつけてカスタマイズ♪

Fashion × Make-up

Column

1週間のメイク直しに毎日活躍！
「コンシーラーパレット」で肌が復活

コンシーラーパレットって本当に便利。日中、ファンデが落ちてシミや色ムラ、くすみなどが出現したときに速攻カバーするのはもちろん、、赤みや乾燥小ジワが目立つときやツヤを出したいとき、パレット内のどれかを使えばたちまちキレイが復活するから。コチラの4品はとってもお気に入りなので持ち歩き、メイク直しで愛用しているものたち。それぞれの良い所をご紹介しますね。ぜひ、ポーチにインしてキレイをキープしてください。

撮影でも使用！

愛用度No.1。右上のハイライトがツヤ出しに活躍

肌トーンに合わせて3種ある中、私は001と002を愛用。パレットのもう1点良いところは、混ぜて自分色を作れること。カバーした後に右上のハイライトを重ねるとフレッシュなツヤ肌に。

アディクション スキンリフレクト フレッシュ コンシーラー 002 ¥4,950

カバー力抜群。保湿力もあるからパサっとしない

パレットのいちばん上はシミやニキビ痕に、中央は青ぐまや小鼻周りの赤みや黒ずみに。下は上2色に重ねることで自然な仕上がりに。ニキビにのせても悪化させない敏感肌処方。

エトヴォス ミネラルコンシーラーパレット ピンクベージュ SPF36・PA+++ ¥4,950

プチプラでも優秀！

自分色を作り、作り置きもできる"ミックスコーナー"つき

青ぐまには右の赤を仕込んで中央のベージュを重ね、左のイエローはくすみや赤みをカバー。いちばん左の"ミックススペース"で混ぜ合わせて自分だけの色にすることができて優秀！

井田ラボラトリーズ キャンメイク カラーミキシングコンシーラー 04 ¥825

左のハイライトが自然に溶け込んで"濡れツヤ"肌に

美容保湿成分配合で乾きがちな目元を潤わせながらカバー。体温でとろける柔らかさでのび広がり、狙った所にピタッと密着。左のハイライトの微細パール効果で明るく艶めく肌に。

mano mano ウプト パーフェクトベースパレット ナチュラル ¥2,420

を2タイプ拝見

自分用のメイクポーチは、メイクに合わせて毎日中身をチェンジして持ち歩きます。お直しに便利なアイテムやその時期お気に入りのカラーは、自然と出番が多くなっちゃいます！

ライトメイクの日

持ち歩くアイテムの数はできるだけミニマムに。ベースメイクが軽いので、UV下地やコンシーラーはお直しでもしっかり使います。

6 万能アイブロウパレットでポーチをミニマムに

「アイシャドウやハイライトにも使えて便利」。色を重ねて立体感のあるナチュラルな抜け感眉に。ポーラ ディエム クルール カラーブレンドアイブロー マルチパレット ¥4,620

5 気になるところをカバー＆ツヤ感もプラス

「目の下などの色ムラに。パレット左のハイライトでツヤも足せます」。肌悩みをカバーして透明感を引き出す。mano mano ウプト パーフェクトベースパレット ナチュラル ¥2,420

4 ミラーレスで塗れちゃうブラウンのリップバーム

「色つきリップみたいな、大人っぽいヌーディブラウン♡」。バターのように溶け込むテクスチャー。イヴ・サンローラン YSL ラブシャイン キャンディグロウ バーム No.6B ¥4,950

3 ベースが薄めだからUV仕様のチークを

「上品ピンクを頰に広めに」。最強UVカットで自然な色づき。カネボウ化粧品 アリィー クロノビューティ カラーオンUV チーク 01 SPF50+・PA++++ 15g ¥1,760（編集部調べ）

2 抜け感のあるクリアなブラックがちょうどいい

「軽いメイクには、ほんのり透け感のある黒を。乾きが早くてカールも長もち！」。下地やトップコートにも使える。モデラート TOERI スタイリングマスカラ 01 ¥2,750

1 メイクの上からも使えるクリアなUVスティック

「顔はもちろん、腕などのボディにも使っています」。透明感のあるツヤの膜が薄くのびて、出先でも手軽にUVカット。By ttt. クリアサンスティック SPF50+・PA++++ 20g ¥2,200

洒落感メイクのヒミツがここにもみっちり！

ポーチの中身

フルメイクの日

しっかりメイクする日は、フルでお直しできるアイテムをイン。くすんだモーヴピンク系のレディ感メイクが最近の気分です。

1
サッとつけるだけで
ヘアのお直し完了

「髪表面でピンピンハネる浮き毛対策。ツヤも出ます」。束感や毛流れを作ってヘアにニュアンスをプラス。ジョンマスターオーガニック スリーキングスティック 15g ¥2,530

2
大人なくすみ系レッドで
唇に存在感を

「頬にも愛用。8のチークの下に少し仕込むとメイク感がアップします」。じゅわっと発色するマットタイプ。BENOW フィーリップアンドチークブラーリープリンポット ND05 ¥1,980

3
キラキラ感を
盛りたいときに

「遊びに出かけるときなど、目の下にキラキラを入れてパッと輝かせます」。ライトピンク×繊細ラメのグリッター。ミルクタッチ フェアリージュエルアイグリッター 02 ¥1,408

4
目元がくっきりするのに
自然に見えるライナー

「目元を程よく際立たせるミルキーブラウン。にじみにくいのもポイント」。描きやすい極細&短毛ライナー。井田ラボラトリーズ キャンメイク スリムリキッドアイライナー 03 ¥990

5
ツヤ肌を作り込める
優秀クッション

「薄い膜が自然に重なって、きちんとメイク効果を感じられるからお気に入り」。保湿や毛穴カバーも万全。By ttt. クリアデイリークッション 21 SPF50+・PA+++ ¥2,970

6
ピンクニュアンスを
眉にもほんのり♡

「眉にもピンクみをほんのり仕込んで、顔全体のバランスをとります」。ふんわり軽やかな眉が長もち。ジルスチュアート ブルームニュアンス ブロウパレット 03 ¥3,850

7
深い発色の黒で
まつげの印象を強く

「ツヤのある黒々とした上向きまつげで、存在感のある目元に仕上げます」。漆黒まつげの発色とカールが夜まで持続。エレガンス カールアメイジング マスカラ BK10 ¥4,400

8
内からにじみ出る
血色感チーク

「自然な血色感がにじみ出るように発色。フェースパウダーとして顔全体に薄く使うことも」。濃淡のグラデで色とツヤを調整できる。ポーラ B.A 3Dオアシス ブラッシュ 03 ¥6,050

9
ピンクブラウンの
レディライクな目元に

「パンッと張るようなツヤと、4色のバランスが絶妙。単色でもレイヤードしても」。濡れたような光沢がドラマティック。トム フォード ビューティ アイカラー クォード 42A ¥12,980

スキンケアを全紹介

疲れや体調がすぐ肌に現れてしまう乾燥&敏感肌です。肌に合うお気に入りアイテムをそろえて、毎回、その日の肌のコンディションを見ながら何を使うか決めています。

落とす

メイクや汚れをしっかり落としてくれて、洗い上がりがつっぱらず、優しい使い心地のものが好きです。

5 朝用ジェル洗顔で起き抜け肌が目覚める
「ザラつきが気になる朝に。ハリとしっとり感が取り戻せます」。2種類のジェリー構造で潤しながら洗う。シロク N organic Bright ホワイト クリア ジェルウォッシュ 150g ¥3,300

4 くすみ対策に！泡洗顔で角質ケア
「泡で優しく角質ケア。くすみ感やゴワつきが気にならなくなりました」。ビタミンを含んだもっちり弾力泡。ドクターケイ ABC-Gピールウォッシュ 200ml ¥4,400

3 ポイントメイクは専用リムーバーで
「目元や口元は必ず専用リムーバーで落とします」。肌の潤いを守りながらメイクオフ。マンダム ビフェスタ ミセラーアイメイクアップリムーバー 145ml ¥935（編集部調べ）

2 しっとり感が秀逸な王道のミルク系
「柔らかいテクスチャーとモチッとした潤いが好きで。洗い上がりの肌に潤いのヴェールを形成。カバーマーク トリートメント クレンジング ミルク 200g ¥3,300

1 摩擦レスの優しさでメイクをすっきりオフ
「優しい肌なじみで洗い上がりはフレッシュ。もう何本か使い切りました」。角栓もオフするオイルフリーの濃密弾力ジェル。dr365 V.C. リリースクレンジング ジェル 100g ¥3,520

由香里さんの ツヤ美肌を育む定番

与える

一年中乾燥が気になるので、とても重視しているステップ。
長年の愛用アイテムから最近のお気に入りまで幅広くそろえています。

5
美容液とクリームを自由にカスタマイズ

「美容液とクリームがセットなので旅行にも便利。しっかり潤ってハリも出ますよ」。水分チャージと弾力ケアがひとつに。ダルバ ホワイトトリュフダブルセラム&クリーム 70g ¥5,000

4
肌の調子を取り戻すロングセラー

「何となく不調が出そうなとき、ゆらぎそうなときに頼ります」。リポソームの技術で成分を確実に届ける。コスメデコルテ リポソーム アドバンスト リペアセラム 50ml ¥12,100

3
みずみずしい潤いをたっぷり注ぎ込む

「バシャバシャと使いたくなる気持ち良さが好きで、長年使っています」。潤いを肌のすみずみまで届けて逃さない。イプサ ザ・タイムR アクア[医薬部外品] 200ml ¥4,730

2
肌がモチモチになるしっとりローション

「重くないのにすごく潤う。肌をもっちりさせたいときに」。とろみ感触のエイジングケア化粧水。カネボウ化粧品 センサイ AS マイクロエッセンスインローション 125ml ¥14,300

1
くすみを晴らすブースター美容液

「みずみずしくて心地良い。使い続けると肌の調子が上がってきます」。肌の濁りをクリアにして潤いとツヤを。FATUITE ブライテスト ファーストエッセンスa 120ml ¥8,910

お助けスキンケア

肌の調子が落ちたと感じたら、さらに肌に優しいアイテムをプラスしたり、チェンジしたりして乗り切ります。落ちる寸前…のタイミングで使って立て直すことも多いです。

4 化粧水　**3** 化粧水　**2** 洗顔料　**1** クレンジング

4 "敏感肌用"の定番は常備していると安心
「不調かも…というときに使うと、肌の状態が安定します」。〝美肌菌〟に着目して肌を健やかに保つ。資生堂 d プログラム モイストケア ローション MB[医薬部外品] 125ml ¥3,740

3 不調サインに悩む肌の元気を取り戻す
「肌コンディションが悪いときに。肌あれの回復が早い気がします」。発酵プラセンタエキスなど、贅沢な美容成分配合。ネロリラボ タイムレス スキンローション 120ml ¥8,250

2 超クリーミー♡摩擦レスの弾力泡
「もっちり弾力泡！ 敏感肌にも優しいので安心」。潤いを保つ2種のセラミドや肌を整える3種の発酵成分も配合。mano mano ウプト クリーミーホイップウォッシュ 200ml ¥2,530

1 乳液でふき取るから肌への負担が少ない
「肌がかなり疲れているな、と感じたときに」。セラミドケアオイル配合。100%乳液処方のふき取りタイプ。花王 キュレル 乳液ケアメイク落とし[医薬部外品] 200ml ¥1,650（編集部調べ）

# 由香里さんの 肌がゆらいだときの

8 シートマスク

7 オールインワン

6 クリーム

5 クリーム

8 調子を上向きに！ゆらぎ肌専用マスク

「調子が落ちる予感がしたら、夜の化粧水代わりに」。肌当たりの優しい超密着シート。CICA成分配合で調子の良い肌へ。ロハス製薬 オルフェス センシティブマスク 25mℓ ¥275

7 肌の本格的な不調に困ったときの1本

「赤みが出そうだったり、調子がガクッと落ちてる日はこれだけ。首までたっぷり塗ります」。肌が乾く隙を与えない世界初処方のゲル。メディプラス メディプラスゲル 180g ¥4,400

6 敏感肌用なのに頼もしい高機能！

「のびの良いテクスチャーと、程よいしっとり感で使いやすい。敏感肌ブランドなので信頼できます」。理想的な角層の状態に整える高機能クリーム。ディセンシア クリーム 30g ¥6,380

5 軽やかな感触で肌本来の力を引き出す

「ミニマムケアにしたい日は、このクリームだけで過ごすことも」。最もバランスが良いとされる、22歳の肌の構成を再現した成分を処方。イカウ ソフトスキン クリーム 50g ¥6,160

＼特別な日の肌を底上げする美顔器&デバイス／

炭酸化粧水を浴びてくすみを晴らす！

「肌色のトーンが確実に明るくなります！」。カートリッジに入った炭酸ガスでマイクロミスト状になった専用化粧水が、肌の奥深くへ浸透。MTG メグリー スターターキット ¥30,000

美肌レベルをぐっと引き上げるオールインワン美顔器

「肌のコンディションに合わせて機能を選べて使いやすいです」。RFやEMS、イオン導入など、8つの機能を搭載。便利な防水仕様。パルティール パスリル ¥151,800

Yukari's make-up Lovers

Yukari's make-up

CHAPTER 7

本田翼、安達祐実、
田中みな実、鳴海唯が語る

だから大好き♥ 由香里メィク

さまざまな現場でご一緒する4人の俳優さんたちに、対談のお願いをさせていただきました。
ファッションとヘアメイク、そして現場が求めているものを瞬時に読みとり、表情からポージングまで想像を超えた表現をして、いつも私のメイクを最高に輝かせてくれる方々です。
この本で伝えたかったことは、ヘアメイクでもっと輝いてほしいということ。そしてこの本を手に取っていただいた皆さんに、ヘアメイクによってモチベーションが上がり、自分に自信がつくきっかけになってもらえればうれしいです。

YUMI ADACHI
安達祐実

そのままでも素敵だからこそ、あえて奇抜に抜け感を楽しみたい。私のイメージをすぐに察知して表現してくださるので、そこから先はお願いします！ みたいな感じでやるのがいつも面白いんです。

Dark brown make-up

**静かに印象を引き締める！
渋色ブラウンを
マット質感で纏(まと)う洗練**

衣装の色やデザインがやや強いので、メイクは眉毛とアイライン、リップにインパクトをもたせました。『ピエロみたいな気分で撮影してみました』と安達さん。どんな衣装でも自分のスタイルでカッコよく魅せ、私のメイクが引き立つ表情をしてくれるのでうれしくてありがたいです

—— by Yukari Hayashi

Lame on lame

Look 2
目頭ラインストーンにラメ on ラメ。
眼差しに冴えた光を

「安達さんも私もキラキラ好き。透け感や、光を纏うことによって違う印象になるのがワクワクするんです！ グリッターシャドウに、ラインストーンを、なんとなくバランスをくずして、あえて片方だけにのせる。そんなアンバランスさがお洒落で楽しい」

—— by Yukari Hayashi

YUMI ADACHI

＼ 安達祐実さんのメイクを解説 ／

Look 1

CHEEK&LIP
リップは渋めブラウンを濃いめにのせて。頬はほんのり血色感を

目元をカラーレスにした分、唇は色と質感で強調してみました。ローラ メルシエのエスプレッソみたいなマットブラウンをじか塗りで何往復かして濃いめにのせます。チークはなじみカラーを丸く入れてほんのり血色感を演出。

EYE
ノーアイシャドウで、眉とアイラインだけ太く、ぽてっと描く

ポイントは、ノーアイシャドウで眉とアイラインだけで作ること。KANEBOのアイブロウパウダーの黒ブラウンを眉にもラインにも使用。黒目の上から目尻の5mm程度外までだんだん太く、ハネ上げずにぽてっとにじみラインっぽく入れると大人かわいい印象に。

使用アイテム

[LIP]ローラ メルシエ キャビア リップスティック 198 ¥5,500

[CHEEK]カネボウ化粧品 ルナソル カラーリングシアーチークス（グロウ）05 ¥3,850（セット価格）

[EYE]カネボウインターナショナルDiv. KANEBO アイブロウデュオ ED2 ¥2,530

Look 2

CHEEK&LIP
頬と唇は赤みベージュ系でほの色っぽい血色感をプラス

目元のきらめきを際立たせるため、チークもリップもベージュ系を選びました。リップは赤みベージュのティントをのせ、"血色のいい素の唇"を表現。チークはパールベージュで目元と唇の繋ぎ役に。遊びのあるメイクの完成です。

EYE
リキッドで作る透明感のあるまぶたにストーンがキラリ☆

ディオールの赤みベージュをアイホールにのせてまぶたを明るくし、DIDIONのリキッドグリッターで下まぶたの目頭側1/2に濡れたツヤをのせます。ポイントはひと粒のラインストーン。片目だけにのせることで、抜け感と遊び心を表現してみました。

使用アイテム

[LIP]アディクション リップ セラム ティント 004 ¥3,520

[CHEEK]ベアミネラル ジェン ヌード ハイライター ピーチ グロウ ¥3,960

[EYE]ディオール ディオールショウ モノクルール 619 ¥5,060

[EYE]韓国高麗人蔘社 ロムアンド リキッドグリッターシャドウ 01 ¥1,100

[EYE]DIDION リキッドグリッター 04 ¥1,650

YUMI ADACHI
× YUKARI HAYASHI

> 由香里ちゃんにメイクしてもらうと
> 新しい自分に出会えるのが楽しい

安達 由香里メイクって、キレイなのはもちろんのこと、チャレンジ精神がありますよね。面白いし楽しいなって思います、いつも。

林 ありがとうございます。きっちり収めても、1個ネジをズラすのが好きで。今回も安達さんだから似合うだろうなと思って。どんなメイクでも自分として、表現できてしまうのがスゴい。

安達 初めての出会いはビューティ誌の撮影で、4、5年前だよね。

林 覚えてます。この色着こなせるんだって思って(笑)。カナリアみたいな服で。

安達 あれ以来、メイクさんを指名できるときは、由香里ちゃんを指名しています。

いいねってマネージャーさんと話していて。うまいし、個性が出せないとフラストレーションが溜まるみたいな所もわかってメイクしてくれてるなっていう気がします。

林 いろんなメイクをされてこられてるから、そう言ってもらえるとうれしいです。

安達 本の話を聞いた時は、ついに出すのか、よかったね、たのしそう！みたいな。出させてもらえるのがうれしくて。ヘアも含め、誰が見ても「お洒落」だと言ってもらえるようなメイクをしてくださるので信頼しています。

林 そんなに褒めていただいてうれしすぎます(泣)。

Profile : YUMI ADACHI

1981年生まれ、東京都出身。幼少時に雑誌モデルとして芸能界デビュー。'91年ハウス食品のCMで話題になり、天才子役として活躍。'94年のドラマ『家なき子』で本格的にブレイク。その後幅広い役をこなす実力派俳優として活躍中。

> なんでも似合うのが
> 安達さんのスゴい所！

> ワッフルヘアがこんなに
> お洒落になるなんて♡

田中みな実 MINAMI TANAKA

みな実ちゃんのかわいらしさはみんな、よく知っていて。いつもと違うけれどかけ離れたくないので、カジュアル要素を入れました。ひとつ目はカジュアルだけど女っぽいメイク、ふたつ目はリラックスしたカジュアル感。完璧に表現してくれてさすがです。

Lower eyelid make-up

Look 1
**みな実さん絶賛！
極上の色香が漂う
由香里's下まぶたメイク**

みな実ちゃんが撮影の度に下まぶたのメイクをほめてくれるんです。なので、今回のテーマは〝下まぶた〟。みな実ちゃんの垂れ目感が、私もなんとなく好きで。あえてシャドウラインを入れて下まぶたを重めにして色気をプラスしています

—— by Yukari Hayashi

Look 2

赤ニットをベージュリップではずす。
粋な色合わせに酔いしれる

> こちらは盛りすぎない下まぶたメイク。カジュアルな色っぽさや目元の強さを出したいなと思ってモーヴ系シャドウを下の目尻側にのせています。赤ニットをベージュリップではずすテク。最後に唇の上だけグロスでツヤ足ししてピュアさを出しました
>
> ── by Yukari Hayashi

Beige lip

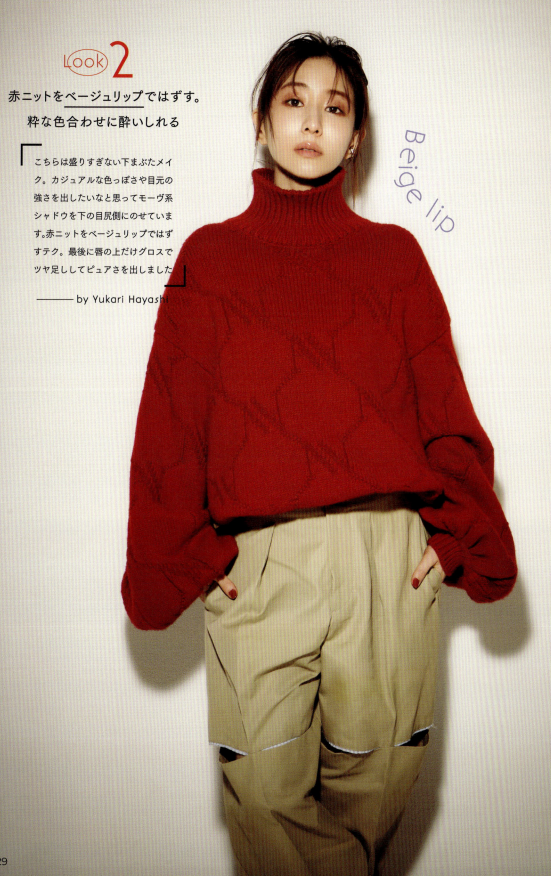

田中みな実さんのメイクを解説

Look 1

CHEEK&LIP
目元を生かすヌーディなツヤで、カジュアルだけれど女っぽく

目元を引き立たせるため、チークとリップは肌なじみのいいベージュ系でまとめます。SUQQUの濃淡ベージュチークを混ぜて鼻上から左右それぞれ放射線状に広げて。シュウ ウエムラの赤みベージュリップはじか塗りして艶めかせて。

EYE
シャドウラインで下まぶたを重めに、垂れ目っぽく演出

THREEのアイシャドウパレットで奥行きを感じさせるグラデアイに。まず、右上をアイホールに広くのせ、目の際に左下を引き、さらに右下をその上に重ねて。下は右上＆左下を混ぜて目尻側2/3に、左上＆右下を混ぜて目頭から目尻までふわりとのせれば完成。

使用アイテム

LIP シュウ ウエムラ キヌケアヌード BR770 ￥4,840

CHEEK SUQQU ブラーリング カラー ブラッシュ 02 ￥6,600

EYE THREE スターゲージングアイシャドウクアッド 04 ￥7,480

Look 2

CHEEK&LIP
ボリュームニットにはチークもリップもツヤで軽さを出す

唇とニットが近いので唇に赤をもってくると重い。そこでローラ メルシエのリップをラフに塗り、上唇だけb idolのグロスでツヤを足して軽さを出します。チークはフィーを2色混ぜ、頬骨の上や内側に多めにのせてピュアさを演出。

EYE
シャドウラインを入れずにアイシャドウだけで吸引力のある目元に

下まぶたを重め＆横にスッとのばして目力アップ。アディクションのパレットの右上をアイホールに広く、右下をアイホールに重ねて。下まぶたは右の2色を混ぜて目尻側2/3に、左下をさらに目尻側1/2に上からのせてカジュアルな色っぽさや目力を出します。

使用アイテム

LIP かならぽ b idol ちゅるるんグロス 101 ￥1,650（限定品）

LIP ローラ メルシエ ペタルソフト リップスティック クレヨン 322 ￥4,180

CHEEK BENOW フィー デュアルチークメロウ PK01 ￥2,900（編集部調べ）

EYE アディクション ザ アイシャドウ パレット + 012 ￥6,820

メイクに合わせて
完璧に表現。
さすがです！

MINAMI TANAKA
× YUKARI HAYASHI

66 由香里ちゃんにメイクしてもらうと
どこかしらにピュアネスが宿る 99

田中 初めて会ったの、コロナ前だったよね。当時私は自分の決まった顔に飽きていて。雑誌で見た由香里ちゃんのメイクが全部素敵で、いつか絶対にメイクをしてもらいたいって思ったの。

林 わ、うれしい。

田中 お会いしたらめちゃくちゃギャルで、なんだろう、いい意味で適当な感じ？ その距離感が絶妙で心地よくて、なによりも仕上がりが素晴らしくて感動！ 由香里ちゃんは全体の雰囲気を見ながら、ファッションをヘアメイクでグッと引き上げる。感覚的に全体像をつかみ、想像できる天才だよね。

林 ありがとうございます。みなよ♡

実ちゃんはメイク中に質問してくるんですよね。さっきも「赤ニットを着るんだったら、リップとかってどうするの？」って。それに答えることで自分の中の感覚を言葉にできたり、こういうことを言葉にしないとっていう気づきにもなって。今回は、服も髪もメイクも私に全任せで、狙いどおりに表現してくれて、本当にありがとう。

田中 色気の中に品を感じられて、どこまでもピュアなのが、由香里メイク。計算していないのに、足し算引き算がバシッとハマってしまうんです。今タッグを組んでいる『美的』連載も毎回違う自分に出会えるから楽しくてしかたないよ。

毎回違う私を引き出して
くれてありがと♡

Profile : MINAMI TANAKA

1986年生まれ、埼玉県出身。TBSを'14年に退社し、その後は俳優としてさまざまなドラマや映画で大活躍中。美容にも精通し、美容誌などで披露する愛用コスメやライフスタイルなどが注目の的。

鳴海唯

唯ちゃんは、いろいろなポージングをしてくれたり、このメイクはこうやって見えたらかわいいなとか発想のインスピレーションがスゴイ。ファッションとメイクを総合的に考える人。だからいつも想像を超えてくれる♪

YUI NARUMI

Brown shadow

マニッシュな装いに
ブラウンシャドウのゆる囲み目。
さりげなく目力を強く

白のネクタイにシャツ×ショートパンツというハンサムレディなこなれスタイルを見て、メイクもハンサム系に決定。目元はブロンズやコッパーなどメタリックな輝きも含むブラウン系の濃淡シャドウでゆるく囲み、チークやリップもブラウン系で大人っぽくまとめてみました

—— by Yukari Hayashi

Blue pink lip

Look 2

モードが香る
大胆なミックスコーデは
青みピンクリップで色遊び

ビッグシルエットのジャケット×レーストップス×ワイドパンツ。強めのアクセサリーをプラスし、ひねりの効いたメンズライクスタイル。メイクはパールホワイトオンリーの目元や、青みピンクのチーク&リップのミニマムメイクで、潔いお洒落感をまとってみて

—— by Yukari Hayashi

\ 鳴海唯さんのメイクを解説 /

Look 1

CHEEK&LIP

ブラウンニュアンスの
チークとリップで
レディ感をプラス

唇は透明感の高いピンクブラウンのリップクレヨンで輪郭をとりながら唇に色ツヤを与えます。頬はシナモンブラウンを小鼻の横から頬骨に沿い、こめかみに向かって手でぼかして。ちょっと大人っぽいハンサムメイクが完成。

EYE

ブロンズやコッパーで
〝ゆる囲み〟した
強くて優しい眼差し

上まぶたは、ベアミネラルのパレットの左中をアイホールに、右中を目の際から2cm程度まで、さらに上段2色を混ぜて目の際からアイホールまでグラデーションに。下まぶたは中段2色を混ぜて目頭から目尻へ引き、右下を目の際に入れて引き締めて、柔らかく目力アップします。

使用アイテム

LIP ローラ メルシエ ペタルソフト リップスティック クレヨン 302 ¥4,180

CHEEK コーセーコスメポート ブレンドベリー フェイスニュアンス 002 ¥1,320

EYE ベアミネラル ミネラリスト アイシャドウ パレット ウォームス ¥5,720

Look 2

CHEEK&LIP

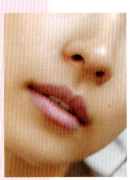

青みピンクのチーク&
リップで、さらに肌の
透明感を引き立てる

頬も唇も青みピンクで統一して、肌全体のトーンアップを図ります。頬はローズニュアンスのクリーム状マルチチークハイライターを小鼻横から横長にのせてジュワッと血色感を。唇もローズピンクで凜とした色香を漂わせて。

EYE

パールホワイトの
クリームハイライターで
透明感の高い目元に

ジャケット&ワイドパンツといったメンズライクなスタイルに、イノセントなメイクを合わせてみました。目元はコスメデコルテのマルチユースハイライターをアイホールにラフに塗って、黒マスカラで締めるだけ。透明感の高い輝きを放ち、凜とした眼差しを演出。

使用アイテム

CHEEK イヴ・サンローラン ルージュ ピュールクチュール P22 ¥6,490

CHEEK ベアミネラル CR ハイライター ローズ グロー 15ml ¥3,960

EYE コスメデコルテ ディップイン グロウ クリームハイライター 01 ¥3,850

囲みメイクがめっちゃ
タイプでしたー♪

Profile：YUI NARUMI

1998年生まれ。兵庫県出身。朝ドラ『なつぞら』、大河ドラマ『どうする家康』といった話題作に次々と出演。その透明感のある肌で『美的』など美容雑誌のモデルとしても活躍中。

YUI NARUMI
×
YUKARI HAYASHI

❝ 由香里さんにメイクをしてもらうと、
カメラの前で自信がもてる自分がいます ❞

唯ちゃんは
いつも想像を超えた
表現をしてくれるね

鳴海 由香里メイクって、一見攻めた色を使っているのにナチュラルに取り込める。そしてファッションとの相性がバッチリですね。

鳴海 うれしいです。お仕事ではかわいい系が多くて、だから、今回自分の好きなテイストのメイクとファッションで、写真もお洒落だったし、すべてがどストライクな感じでした。

林 寄っても引いてもかわいくて、いろんな表情を出してくれるので次はどうなるのかなあとワクワクさせてくれます♡

鳴海 こういうメイク本にいつか出たいなって思ってたので、今回お声がけいただいて光栄でした。とっても楽しみにしています。とにかく、しっかり寝てくださいね。

林 ありがとう‼︎

鳴海 由香里さんがファッション大好きっていうのが伝わってくるし。攻めた色を使ってるのに一般の人にも挑戦できるような絶妙な塩梅(あんばい)っていうか。回数を重ねる程に思うんです。

林 えー、うれしい♪ 初めに会ったときの唯ちゃんは、どんな顔にでもなれるイメージ。なおかつピュアさもあって、お洒落で、抜け感もあって、ナチュラルで、みたいなバランスがすごくかわいくて。メイクを自分の中に落とし込

135

本田翼

朝、現場に入ってくるときから透明感がすごくて(笑)。お洒落なコンサバでもめちゃくちゃかわいくなる。翼ちゃんは全部兼ね備えているから、毎回すごいなあ…と思っています♡

TSUBASA HONDA

翼ちゃんが目指す〝大人っぽいメイク〟。透け感ブラウンで挑戦を

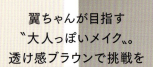

「大人っぽい翼ちゃんもとっても好きで。今回は翼ちゃんらしい大人メイクをしてみました。主役は透け感のあるブラウンシャドウ。行きすぎず挑戦しやすい。明るい色からレイヤードしていくだけ。レディなのにどこかピュアさを残した大人メイク」

────── by Yukari Hayashi

Brown make-up

※このメイクの詳細はP.16にあります。

一緒に映るから
むくみ対策で
小麦抜いてきた（笑）

TSUBASA HONDA
×
YUKARI HAYASHI

66 由香里メイクは色がお洒落。
素敵に重ねるの、いろんな色を 99

本田 由香里メイクで好きなのは色使いがお洒落なところ。ニュアンスが絶妙なんです。ニュアンスって、同じアイシャドウを使っても色の重ね方のさじ加減で違うんだと感じていて。あと、その人その人に合ったメイクをしてくれるのも由香里メイクの素敵なところ。

林 ありがたい。今回の本のテーマが"色"と"洒落感"なの。もしかして知ってた？

本田 そうだったんだ！すごくない!?（笑）

林 最初のコメントで"色"って言ってくれてうれしいです。長年やらせていただいてるから感じてくれたのかな♪

本田 最初の出会いは6〜7年前の『美的』の表紙撮影で、私が忙しくて睡眠不足だったから爆睡してしまって、頭を押さえながらメイクしてくれた記憶が（笑）。起きたら「あ、かわいいっ」て一瞬で目が覚めました。そんな出会いから何度か仕事が重なって、プライベートでも会うようになって、

林 そう、普通に家に遊びに行っちゃってるくらい。いろいろな現場を経て今だよね。泣けちゃう。

本田 本当にいろいろなお仕事でお世話になってます。これからもお願いします！そしてメイク本の出版、本当におめでとうございます!!

Profile : TSUBASA HONDA

1992年生まれ。2006年モデルとしてデビュー。その後、ドラマや映画など活動の場を広げる。SNSの総フォロワー数は約740万人。'24年4月には自身がディレクターを務めるコスメブランド『By ttt.』をローンチした。

今日もたくさん話して
たくさん笑ったね♪

COSTUME CREDITS

P.29
カーディガン(アナ スイ ジャパン〈アナ スイ〉)

cover
トップス、ブラ、スカート、パンツ(リトル スージー アパートメント オオサカ〈リトル スージー〉) ジャケット、靴(ラインヴァンド カスタマーサポート〈ラインヴァンド〉) ベルト(メイデン・カンパニー〈トリーレザー〉) 靴下 スタイリスト私物

P.31
パンツ(ジョゼムーン) ブラウス/スタイリスト私物

P.17
トップス(ンニット) リング(エネイ松屋銀座〈エネイ〉)

P.37
ベスト(ンニット) コードネックレス(レイ ビームス 新宿〈レイ ビームス〉) イヤカフ(サンポークリエイト〈アネモネ〉) ネックレス各(シエナロゼ表参道ヒルズ本店〈シエナロゼ〉) リング(プラス ヴァンドーム)

P.21
ワンピース(アンティローザ〈ペルナ〉) ネックレス(レイ ビームス 新宿〈ノッテ〉)

P.41
ワンピース(アィムヨォーアンキン) リボン/スタイリスト私物

P.23
Tシャツ(メイデン・カンパニー〈ブルースセントリック〉) チュール※オールインワンセット(ラグナムーン ルミネ新宿〈ラグナムーン〉) イヤリング(サンポークリエイト〈ミミサンジュウサン〉) 帽子/スタイリスト私物

P.42
トップス(THE TOÉ) ピアス(プラス ヴァンドーム)

P.25
ニット(ンニット) カチューシャ(サンポークリエイト〈アネモネ〉) イヤリング(ヴァンドームヤマダ〈ケンゴ クマ プラス マユ〉) ネックレス(アガット)

P.44
Tシャツ(メイデン・カンパニー〈ブルースセントリック〉) ワンピース(ラインヴァンド カスタマーサポート〈ラインヴァンド〉) パンツ(メゾンスペシャル 青山店〈メゾンスペシャル〉) リング(ヴァーミリオン)

P.27
ワンピース(アメリヴィンテージ) トップス(ジョゼムーン) イヤリング(サンポークリエイト〈ミミサンジュウサン〉) ネックレス(アガット)

P.47
帽子(ショールームリンクス〈ババコ〉) リング(ヴイエー ヴァンドーム青山 有楽町マルイ店〈ヴイエー ヴァンドーム 青山〉)

P.124
シャツ(パサージュ デュ ストックマン 恵比寿店〈オットダム〉) ニット(ジョゼムーン) スカート／スタイリスト私物　バレッタ／ヘアメイク私物

P.125
シャツ(アンティローザ〈ヴァカンシー〉) スカート(フィルム〈ソブ〉)

P.128
ボディスーツ、ニットドレス(Chika Kisada) ヘアバンド／スタイリスト私物

P.129
ニット(ヘンネ カスタマーサポート〈HAENGNAE〉) パンツ／スタイリスト私物　イヤカフ(ロードス〈CANDY.〉) イヤカフ ロング(ロードス〈クンペルバイピー〉)

P.132
シャツ・パンツ(THE TOÉ)　ベルト(バナナ・リパブリック)　バングル(エネイ松屋銀座〈エネイ〉)　その他／スタイリスト私物

P.133
ジャケット(レイ ビームス 新宿〈レイ ビームス〉)　トップス、ワンピース(共にメゾンスペシャル 青山店〈メゾンスペシャル〉)　バングル(プラス ヴァンドーム)　その他／スタイリスト私物

P.137
ワンピース、ブラウス(共にエリコカトリ)

P.49
シャツ(メイデン・カンパニー〈インディビジュアライズドシャツ〉) ジャケット、スカーフ／共にスタイリスト私物

P.50
パンツ(バナナ・リパブリック) スカート(ショールームリンクス〈ババコ〉) ピアス(ヴィエー ヴァンドーム青山 有楽町マルイ店〈ヴィエー ヴァンドーム 青山〉) トップス／スタイリスト私物

P.58
トップス／スタイリスト私物

P.61
トップス(メゾンスペシャル 青山店〈メゾンスペシャル〉) バレッタ(サンポークリエイト〈アネモネ〉)

P.62
キャミソール、トップス(共にローズバッド ルミネエスト新宿店〈クレオルム〉) イヤリング(アビステ) チョーカー(アガット)

P.64
ブラウス(フィルム〈ダブルスタンダードクロージング〉) パンツ(メゾンスペシャル 青山店〈メゾンスペシャル〉) 左イヤカフ(アガット) 右イヤカフ(ヴァンドーム青山本店〈ヴァンドーム青山〉)

P.67
タンクトップ(ローズバッド ルミネエスト新宿店〈ローズバッド〉) ネックレス(メイデン・カンパニー〈エリッカ ニコラス ビゲイ〉) ジャケット／スタイリスト私物

協力社リスト（化粧品）

RMK Division	0120-988-271
アディクション ビューティ	0120-586-683
イヴ・サンローラン・ボーテ	0120-526-333
イカウ	contact@ikaw.me
井田ラボラトリーズ	0120-44-1184
イプサお客さま窓口	0120-523-543
イミュ	0120-371-367
インターナショナルコスメティックス／ザ・セム	03-5825-7588
UZU	0120-963-277
エトヴォス	0120-0477-80
EmayMie	https://emaymie.com/conact
MTG／メグリー	0120-808-008
エレガンス コスメティックス	0120-766-995
OSAJI(オサジ)	0120-977-948
花王／キュレル	0120-165-698
かならぼ	0120-91-3836
カネボウインターナショナルDiv.	0120-518-520
カネボウ化粧品	0120-518-520
カバーマーク カスタマーセンター	0120-117133
韓国高麗人蔘社	03-6279-3606
クレ・ド・ポー ボーテお客さま窓口	0120-86-1982
コージー本舗	03-3842-0226
コーセー	0120-526-311
コーセーコスメニエンス	0120-763-328
コーセーコスメポート	0800-222-2802
コスメデコルテ	0120-763-325
JT	03-6230-9602
資生堂お客さま窓口	0120-81-4710
SHISEIDOお客さま窓口	0120-587-289
シャネル カスタマーケア	0120-525-519
シュウ ウエムラ	0120-694-666
JULIA IVY／レナレビ	lenalevi@juliaivy.co.jp
ジョンマスターオーガニック	0120-207-217
ジルスチュアート ビューティ	0120-878-652
シロク	0120-150-508
SUQQU	0120-988-761
スナイデル ビューティ	03-5774-5565
THREE	0120-898-003
セザンヌ化粧品	0120-55-8515
セルヴォーク	03-5774-5565
Direct Tech(U/CHOOサポートセンター)	support@uchoo.info
ダルバお客様相談室	https://dalba.jp/pages/dalbacontact
ちふれ化粧品 愛用者室	0120-147420
ディオール(パルファン・クリスチャン・ディオール)	03-3239-0618
ディセンシアお客さまセンター	0120-714-115
DIDION	https://didion-beauty.com/
常盤薬品工業 お客さま相談室／サナ エクセル	0120-081-937
ドクターケイ	0120-68-1217
dr365	https://dr365.co.jp/shop/contact
トム フォード ビューティ	0570-003-770
NARS JAPAN	0120-356-686
ネロリラボ	https://nerolilabo.com/
By ttt.(バイティースリー)	03-6910-5085
パルティール／パスリル	0120-248-695

パルファム ジバンシイ〔LVMHフレグランスブランズ〕	03-3264-3941
BENOW	03-6278-9380
hince(ヒンス)	https://hince.jp/
FATUITE	https://fatuite.com/
プラダ ビューティ	03-6911-8440
ベアミネラル	0120-24-2273
HERA(アモーレパシフィックジャパン)	0120-929-744
ポーラお客さま相談室	0120-117111
ポール & ジョー ボーテ	0120-766-996
mano mano	0120-811-047
マンダムお客さま相談室	0120-37-3337
mimi-Japan	03-6661-1421
ミルクタッチ	03-5413-3330
M・A・C(メイクアップ アート コスメティックス)	0570-003-770
メディプラス	0120-34-8748
モデラート／TOERI	0570-076-096
ローラ メルシエ ジャパン	0120-343-432
ロハス製薬	0120-966-659
Waphyto	info@waphyto.com

協力社リスト(衣装)

アイムヨーアンキン	info@saltsweeet.io
アガット	0800-500-5000
アナ スイ ジャパン	https://annasui.co.jp/
アビステ	03-3401-7124
アメリヴィンテージ	03-6712-7887
アンティローザ	https://auntierosa.com/
ヴァーミリオン	https://vermillion-jewelry.com/
ヴァンドーム青山本店	03-3409-2355
ヴァンドームヤマダ	03-3470-4061
ヴイエー ヴァンドーム青山 有楽町マルイ店	03-6738-3845
エネイ松屋銀座	03-3566-2139
エリコカトリ	03-5787-8911
THE TOÉ	thetoeofficial@gmail.com
サンポークリエイト	082-248-6226
シエナロゼ表参道ヒルズ本店	03-6447-1215
ショールームリンクス	https://www.links-partners.com
ジョゼムーン	03-5770-9041
Chika Kisada	info@chikakisada.com
パサージュ デュ ストックマン 恵比寿店	03-5422-8026
バナナ・リパブリック	br_info@bananarepublic.jp
フィルム	03-5413-4141
プラス ヴァンドーム	https://vendome.jp/plus_vendome
ヘンネ カスタマーサポート	customer@haengnae.com
メイデン・カンパニー	03-5410-9777
メゾンスペシャル 青山店	03-6451-1660
ラインヴァンド カスタマーサポート	customer@leinwande.com
ラグナムーン ルミネ新宿	03-3344-3223
リトルスージー アパートメント オオサカ	06-6125-5655
レイ ビームス 新宿	03-5368-2191
ローズバッド ルミネエスト新宿店	03-5368-2767
ロードス	03-6416-1995
ンニット	nknit.nknit@gmail.com

Afterword
あとがき

ヘアメイクというお仕事は、最初にテーマをいただいてそこから
「どんなメイクにしようか」とか
「どうかわいくしようか」と考えていくことが多いんです。
でも今回はまったく違って、
一冊の本をゼロから考え形にしていくというまったく新しいチャレンジ。
普段、計算してヘアメイクをすることもありますが、
かわいいやお洒落のさじ加減は感覚に頼ることも多く、
メイクもヘアも決まりはなく自由!!(笑)と思っているので、
ひとつひとつのテーマやアイデアを分かりやすくひもといていく…
ということがとても新鮮で、心躍る体験でした。
大切にしたのは「こうすればかわいさが増す」「洒落感が出る」という
イメージを言葉にして、より多くの人に伝えたいということ。
お洒落感があるのにどこか品がある!そして簡単!を
密かにテーマにしているので、どの年代の人も、どんなタイプの人でも
真似しやすく誰もが挑戦できるヒントが隠されている、
そんな一冊になっていると思います。
かわいくメイクできたらうれしいし、いつもと違ったイメージになったら楽しい。
メイクでこんなに変わるんだ!と毎日ワクワクしたら気分もあがる…
そんな感覚を楽しんでもらえたら嬉しいです!!

林 由香里

林 由香里「洒落感」メイク

2024年12月21日 初版第1刷発行

著者　　林　由香里
発行人　石月賢一
発行所　株式会社　小学館
　　　　〒101-8001　東京都千代田区一ツ橋2-3-1
電話　　03-3230-5864（編集）
　　　　03-5281-3555（販売）
印刷所　共同印刷株式会社
製本所　株式会社若林製本工場
制作　　浦城朋子、遠山礼子
宣伝　　鈴木里彩
販売　　椙野晋司

Staff List

撮影　　　　　　嶌原佑矢（UM/人物）
　　　　　　　　菊地泰久（vale./人物・田中みな実さん分）
　　　　　　　　宗高聡子（静物）
モデル　　　　　本田 翼、安達祐実、田中みな実、鳴海 唯
　　　　　　　　森絵梨花、八木アリサ、松木育未
スタイリスト　　ミク
　　　　　　　　平田雅子（田中みな実さん分）
デザイン　　　　荒川裕子
編集協力　　　　西村明子
編集アシスタント 越後真咲
文　　　　　　　野澤早織、越後有希子、久保田麻子、
　　　　　　　　黒木由梨（PRIMADONNA）
構成・文　　　　小内衣子、猪原美奈（PRIMADONNA）
編集　　　　　　猪原美奈（PRIMADONNA）、
　　　　　　　　柏熊菜菜子（小学館）

造本には十分注意しておりますが、印刷、製本など製造上の不備がございましたら
「制作局コールセンター」（フリーダイヤル0120-336-340）にご連絡ください。
（電話受付は、土・日・祝休日を除く 9：30～17：30）

※本書の無断での複写（コピー）、上演、放送等の二次利用、
　翻案等は、著作権法上の例外を除き禁じられています。
※本書の電子データ化などの無断複製は著作権法上の例外を除き禁じられています。
　代行業者等の第三者による本書の電子的複製も認められておりません。

©Hayashi 2024 Printed in Japan ISBN978-4-09-311576-6